Vibe Coding for Beginners

어쨌든, 바이브 코딩

Vibe Coding for Beginners

어쨌든, 바이브 코딩
코딩을 몰라도 50개 앱과 웹사이트를 AI와 LLM을 활용해서 개발한다

초판 1쇄 발행 2025년 12월 18일

지은이 **코다프레스** 옮긴이 **양희은** 펴낸이 **한기성** 기획·편집·교정 **김나희** 표지 디자인 **오필민**
내지 디자인 **성은경** 제작·관리 **이유현** 영업·마케팅 **김진불** 경영지원 **박미경** 용지 **월드페이퍼**
출력·인쇄 **예림인쇄** 제본 **예림원색**

펴낸곳 **(주)도서출판인사이트** 등록번호 **제2002-000049호** 등록일자 **2002년 2월 19일**
주소 **서울특별시 마포구 연남로5길 19-5** 전화 **02-322-5143** 팩스 **02-3143-5579**
이메일 **insight@insightbook.co.kr**

 ISBN **978-89-6626-506-0** 93000

책값은 뒤표지에 있습니다. 잘못 만들어진 책은 구입처에서 교환하실 수 있습니다.
이 책의 정오표는 https://blog.insightbook.co.kr에서 확인하실 수 있습니다.

글쓰기는 더 큰 배움에 이르는 보람 있는 여정입니다.
독자 여러분의 소중한 원고를 기다립니다. submit@insightbook.co.kr

어쨌든, 바이브 코딩

코딩을 몰라도 50개 앱과 웹사이트를
AI와 LLM을 활용해서 개발한다

코다프레스 지음 | 양희은 옮김

인사이트

차례

옮긴이의 글 xi
들어가는 글 xiii

1장 바이브 코딩이란? 1

1.1 개념 이해하기 2
1.2 왜 중요한가 2
1.3 바이브 코딩이 아닌 것 2
1.4 장점과 한계 3
1.4.1 장점 3 | 1.4.2 한계 3
1.5 이 책이 안내하는 방향 3

2장 AI 코더의 부상
왜 지금인가? 그리고 왜 중요한가? 5

2.1 문법에서 의미론으로 6
2.2 코딩 도구의 과거와 현재 6
2.3 지금 바이브 코딩이 부상하는 이유 7
2.4 이것이 당신에게 의미하는 것 8
2.5 하지만 분명히 하자면 – 만능 해결책은 아니다 8
2.6 요약 9

3장 바이브 코더의 사고방식
AI 시대에 다르게 생각하기 11

3.1 엔지니어에서 동료로 12
3.2 프로그래머가 아닌 프로덕트처럼 생각하기 12
3.3 반복이 곧 초능력 13
3.3.1 초기 프롬프트 13
3.4 상사처럼 명령하지 말고 선생님처럼 물어보기 13
3.5 불확실성을 받아들이되 정보는 놓치지 않기 14
3.6 요약 14

4장 바이브 코딩 툴킷
바이브 코딩을 위한 도구, 플랫폼, 환경 17

4.1 시작할 때 필요한 건 단 두 가지 18
4.2 LLM 플랫폼 선택하기 18
4.3 인터페이스: 입력하고 실행하는 공간 19
4.4 첫 번째 바이브 코딩 환경 설정하기 20
4.5 프롬프팅의 기초: 흐름에 빠져들기 20
4.6 코드 저장, 테스트, 실행하기 21
4.7 요약 21

5장 프롬프트 엔지니어링 101
기계가 이해하도록 말하는 방법 23

5.1 프롬프트가 중요한 이유 24
5.2 좋은 프롬프트의 구성 요소 24

5.3 활용할 수 있는 프롬프트 템플릿 25
5.4 더 나은 프롬프팅을 위한 팁 26
5.5 흔한 프롬프트 실수 (그리고 해결책) 27
5.6 사고방식의 전환 28
5.7 요약 28

6장 아이디어에서 결과물까지
첫 번째 바이브 코딩 앱 29

6.1 1단계: 앱을 명확하게 설명하기 30
6.2 2단계: 결과물을 함께 검토하기 30
6.3 3단계: 코드 실행하기 31
6.4 4단계: 프롬프트 반복하기 32
6.5 5단계: 진행하면서 배우기 32
6.6 6단계: 회고하고 저장하기 33
6.7 요약 34

7장 단어로 만드는 웹사이트
자연어로 웹 페이지를 만드는 방법 35

7.1 웹은 이제 프롬프트에 반응합니다 36
7.2 구조부터 시작하기 36
7.3 변수가 아닌 바이브로 스타일링하기 37
7.4 상호작용을 쉽게 추가하기 38
7.5 전체를 통합하기: 라이브 실습 39
7.6 더 나은 웹 기반 프롬프트 팁 39
7.7 요약 40

8장 앱, API, 자동화
프롬프트를 동적으로 작동하는 도구로 만들기 41

8.1 웹 페이지에서 웹 앱으로 42
8.2 앱을 앱답게 만드는 요소 42
8.3 외부 세계와 대화하기: API 43
8.4 스크립트를 작성하지 않고 작은 자동화하기 44
8.5 브라우저를 뛰어넘어 44
8.6 복잡해질수록 조심하기 45
8.7 사례 연구: 간단한 예약 앱 46
8.8 요약 46

9장 도구를 넘어서 49

9.1 명확하고 반복적으로 소통하기 50
9.2 AI의 강점과 한계 알기 51
9.3 AI와 함께 워크플로 구성하기 51
9.4 프롬프트 실력 기르기 52
9.5 윤리적인 고려 사항과 실무적인 고려 사항 53
9.6 AI 협업의 미래 53
9.7 요약 53

10장 바이브 코딩의 윤리와 미래
AI 보조 개발에서 책임과 기회 사이의 균형 탐색 55

10.1 바이브 코딩의 윤리적 지형 56
10.2 환경에 미치는 영향 56

10.3 바이브 코딩의 미래 57
10.4 여정을 위한 준비 57
10.5 맺음말 58

11장 바이브 코딩 튜토리얼 59

Tutorial 1 간단한 모바일용 할 일 목록(To-do List) 앱 만들기 60
Tutorial 2 Chart.js로 인터랙티브 차트 대시보드 만들기 64
Tutorial 3 AI에 기반한 컬러 팔레트 생성기 만들기 69
Tutorial 4 인터랙티브 지도 만들기 74
Tutorial 5 플래시카드 퀴즈 앱 만들기 78
Tutorial 6 안전한 비밀번호 생성기 만들기 83
Tutorial 7 간단한 AI 챗봇 인터페이스 만들기 87
Tutorial 8 실시간 세계 날씨 웹 페이지 만들기 92
Tutorial 9 Chart.js로 인터랙티브 데이터 대시보드 만들기 97
Tutorial 10 개인 금융 관리 앱 만들기 103
Tutorial 11 실시간 채팅 애플리케이션 만들기 109
Tutorial 12 레시피 찾기 앱 만들기 115
Tutorial 13 마크다운 블로그 에디터 만들기 120
Tutorial 14 습관 관리 도구 만들기 125
Tutorial 15 가상의 갤러리 만들기 130
Tutorial 16 개인 재무 대시보드 구축하기 135
Tutorial 17 언어 학습용 플래시카드 앱 만들기 140
Tutorial 18 명상 타이머 앱 만들기 144
Tutorial 19 대화형 퀴즈 앱 만들기 150
Tutorial 20 피트니스 트래커 대시보드 만들기 155

Tutorial 21 이벤트 카운트다운 타이머 만들기 161
Tutorial 22 영화 추천 시스템 만들기 165
Tutorial 23 더치페이 앱 만들기 172
Tutorial 24 포트폴리오 웹사이트 빌더 만들기 176
Tutorial 25 피트니스 운동 계획 앱 만들기 180
Tutorial 26 인터랙티브 스토리 게임 만들기 185
Tutorial 27 음악 플레이리스트 관리자 만들기 191
Tutorial 28 날씨 경보 시스템 만들기 196
Tutorial 29 독서 기록 관리기 만들기 202
Tutorial 30 환율 변환기 만들기 207
Tutorial 31 프롬프트 라이브러리 만들기 211
Tutorial 32 감정 다이어리 앱 만들기 216
Tutorial 33 필터 기능이 있는 사진 갤러리 만들기 221
Tutorial 34 여행 버킷 리스트 앱 만들기 226
Tutorial 35 맞춤형 뉴스 리더 만들기 231
Tutorial 36 작업 뽀모도로 타이머 만들기 236
Tutorial 37 주식 시장 관심 종목 만들기 241
Tutorial 38 온라인 투표 작성 화면 만들기 246
Tutorial 39 가상 식물 관리기 만들기 251
Tutorial 40 레시피 영양 계산기 만들기 256
Tutorial 41 오늘의 긍정문 앱 만들기 262
Tutorial 42 사진 밈 생성기 만들기 266
Tutorial 43 언어 번역기 만들기 270
Tutorial 44 코드 조각 관리자 만들기 275
Tutorial 45 가상 화이트보드 만들기 280
Tutorial 46 영화 티켓 예매 데모 웹 페이지 만들기 285

Tutorial 47 마인드맵 도구 만들기 290

Tutorial 48 은퇴 카운트다운 만들기 295

Tutorial 49 소셜 미디어 게시물 예약 만들기 299

Tutorial 50 간단한 URL 단축기 만들기 305

에필로그: 바이브 코딩 시대, 앞으로 나아갈 길 309

용어 해설 310

바이브 코딩: 간단한 참조 가이드 316

옮긴이의 글

"컴퓨터를 전공해야만 소프트웨어를 만들 수 있다."라는 오랜 통념이 무너지고 있습니다. 바이브 코딩은 누구나 자신의 아이디어를 소프트웨어로 구현할 수 있는 새로운 가능성을 열어 주고 있습니다. 이제 개발은 더 이상 소수 전문가만의 영역이 아닙니다.

이 책은 바로 코딩의 보편화를 실현하기 위한 실용적인 안내서입니다. 프롬프팅의 기초부터 시작해 단계별로 세심하게 설명하며 독자가 LLM과 효과적으로 협업하는 방법을 익힐 수 있도록 돕습니다. 여기서 중요한 점은 AI가 '알아서 다 해 주기를' 기대하는 것이 아니라 사용자가 얼마나 구체적이고 명확하게 요구 사항을 전달하느냐가 성패를 좌우한다는 것입니다. LLM은 언어 이해와 생성에 혁명적인 기회와 무한한 가능성을 제공할 것입니다. '이 부분은 마음에 드는데 저 부분만 조금 바꿨으면···'하는 순간, 원하는 바를 정확히 표현할 수 있다면 LLM은 때로는 여러분의 유능한 멘토가, 때로는 가장 효율적인 조수가 되어 줄 것입니다.

일각에서는 LLM을 자주 사용하면 사고력이 퇴화한다고 우려합니다. 하지만 이는 오해입니다. 오히려 원하는 결과물을 만들어 내기 위해 아이디어를 구상하고, 프로토타입을 설계하며, 작업 지시를 내리는 일련의 과정은 우리를 더 깊이 생각하고 탐구하게 만듭니다. 도구는 달라졌지만 창조적 사고의 본질은 여전히 인간의 고유한 영역입니다.

이 책을 최대한 활용하는 방법을 제안합니다. 본문에 소개된 다양한 튜토리얼을 반드시 직접 실습해 보길 바랍니다. 그리고 출판사에서 제공한 예시 결과물은 정답이 아닌 하나의 참조에 불과함을 기억하고 여러분의 결과와 비교해 보세요. 실습을 거듭하다 보면 어느새 '나만의 소프트웨어를 만들고 싶다.'라는 열망이 커지는 것을 느낄 수 있을 것입니다. 그 순간이 바로 진정한 바이브 코딩의 시작입니다.

이 책이 "이런 것도 LLM으로 만들 수 있구나!"라는 발견의 즐거움을 주고 여러분만의 바이브 코딩 여정에서 든든한 이정표가 되기를 진심으로 바랍니다.

끝으로 첫 번째 번역 작업을 완수할 수 있도록 도움을 주신 임팩트팀의 한동훈 팀장님과 김나희 편집자님께 깊이 감사드립니다. 그리고 곁에서 항상 응원해 주는 남편과 아들 준우에게도 감사한 마음을 전합니다.

양희은 드림

들어가는 글

새로운 개발 방식에 오신 것을 환영합니다.

오직 컴퓨터와 대화하면서 앱을 구축한다고 상상해 보세요. 당신의 아이디어를 – 문법 걱정, 디버깅 악몽 없이 – 일상 언어로 설명하면 도구가 코드를 작성해 줍니다. 이것이 바로 소프트웨어 개발에 대한 새로운 접근 방식인 바이브 코딩(vibe coding)의 본질입니다.

테슬라의 전 AI 부문 책임자이자 오픈AI의 공동 설립자인 안드레이 카르파티(Andrej Karpathy)는 2025년 2월[1] '바이브 코딩'이라는 용어를 만들었습니다. 그는 바이브 코딩을 "분위기에 몸을 맡기고 기하급수적인 속도를 받아들이며 코드가 존재한다는 사실조차 잊어버리는" 창작 방식이라고 설명합니다. 완벽하거나 제품에 즉시 적용 가능한 시스템을 만드는 것이 아닙니다. 대신 쉽게 개발하고 쉽게 수정하는 실험적인 방식, 즉 오늘날 LLM(대규모 언어 모델)이 내는 속도에 맞춰 주말 동안 프로토타입을 만들며 가볍고 실험적으로 즐기는 방식입니다.

2024년 LLM 기반의 소프트웨어 개발 방식에 대한 연구[2] 조사에 따르면 LLM은 – 간단한 작업부터 전체 메서드까지 – 광범위한 프로그래밍 작업을 놀랄 만큼 매끄럽게 처리했습니다. 이 조사 결과는 바이브 코딩의 힘을 뒷받침합니다. 개발자들에 따르면 전문적인 코딩 경험이 없는 사용자도 명확한 프롬프트만 있으면 쓸 만한 코드를 생성할 수 있습니다. 다만 전문가들은 코드의 품질, 보안 유지 가능성에 대한 책임은 전적으로 사용자의 몫이라고 경고합니다.

창의적인 예술가도, 호기심 많은 기업가도, 아이디어는 있는데 코딩

1 *https://x.com/karpathy/status/1886192184808149383?lang=en*

2 *https://arxiv.org/abs/2402.06196*

은 모르는 사람도 바이브 코딩을 쓰면 프로토타입을 빠르게 만들고 마음껏 고쳐 나갈 수 있습니다. 이 책은 바이브 코딩을 즐겁지만 책임 있게 쓰도록 생각하는 법, 기술, 안전 장치까지 안내할 것입니다.

1장

바이브 코딩이란?

1.1 개념 이해하기

본질적으로 바이브 코딩은 프로그래밍을 타이핑에서 대화로 바꿉니다. 파이썬 또는 자바스크립트 같은 언어를 배우는 대신 – "오늘 날씨를 보여주는 간단한 웹 페이지를 만들어 줘."처럼 – 원하는 바를 말로 풀어내면 LLM은 실행 가능한 코드를 만들어 줍니다. 이후 "버튼을 파란색으로 바꿔 줘.", "정렬을 수정해 줘.", "오류를 처리해 줘." 같이 대화하면서 실시간으로 수정하면 됩니다. 이러한 대화형 방식이 전통적인 로직 작성보다 처리 속도가 훨씬 빠를 때가 흔합니다.

1.2 왜 중요한가

- 창작의 민주화: 코딩 경험이 없는 사람도 앱과 쓸모 있는 도구를 만들 수 있습니다.
- 빠른 프로토타이핑: MenuGen[1] – 레스토랑 메뉴에서 요리 이미지를 생성하는 앱 – 같은 프로젝트도 바이브 코딩으로 아이디어에서 제품 배포까지 이어졌습니다.
- 아이디어 구상과 실행을 연결: 비개발 창업자들이 자신의 아이디어를 프로토타입으로 만들 수 있게 지원합니다.
- 하면서 배우는 방식: 프롬프트를 입력하고 검사하고 손보는 과정을 거치면서 코드에서 코딩의 기초를 배웁니다.

1.3 바이브 코딩이 아닌 것

- ☒ 제품에 바로 적용 가능한 개발은 아니다. 전문가들은 위키피디아 같이 유지할 수 있고 안전한 시스템은 여전히 숙련된 엔지니어가 필요하다고 강조합니다.
- ☒ 수동적인 학습이 아니다. 모델이 제공하는 코드를 읽는 것만으로는 충

1 *https://karpathy.bearblog.dev/vibe-coding-menugen*

분하지 않습니다. 결과물을 검토하고, 테스트하고, 적용해야 합니다. 바이브 코딩을 최대한 활용하려면 생성된 코드를 이해하고 검증하려는 노력이 필요합니다.

- 자동 완성 그 이상이다. 단순히 코드 라인을 완성하는 깃허브 코파일럿(GitHub Copilot) 같은 도구가 아니라 바이브 코딩은 – 음성, 자연어, 반복적인 개선을 통한 – 높은 수준의 프롬프트를 통한 상호작용을 전제로 합니다.

1.4 장점과 한계

1.4.1 장점

- 빠른 아이디어 구상 및 프로토타입 제작
- 비개발자를 위한 접근성
- 상호작용하고 유연한 워크플로

1.4.2 한계

- 보안, 의존성, 버그 위험
- 제한된 범위: 복잡하고 다중 모듈 시스템에서는 종종 문제가 발생합니다.
- 디버깅이 땜질식 우회로 찾기 게임으로 바뀔 수 있습니다. 문제 해결을 위해 AI에 시행착오형 프롬프트를 계속 시도해야 할 때가 있습니다.

1.5 이 책이 안내하는 방향

2장에서는 “어떻게 할 것인가”를 깊이 다루겠습니다. 도구 선택, 프롬프트 작성, 코드 개선, AI를 사용한 디버깅, 모범 사례 적용의 흐름을 따라 초보자도 책임 있게 프로토타입을 만들 수 있도록 돕습니다. 프롬프트, 테스트, 검토, 개선이라는 생산적인 작업 리듬을 익힐 수 있도록 도와드

리겠습니다. 이 책은 단지 바이브 코딩을 배우는 데서 그치지 않고 현명하게 — 창의적이고 신중하게 — 작업하도록 돕습니다. 지금 2장으로 넘어가 여정을 시작하세요.

2장

AI 코더의 부상

왜 지금인가?
그리고 왜 중요한가?

2.1 문법에서 의미론으로

전통적으로 코딩을 배운다는 것은 프로그래밍 언어의 문법을 익히는 것이었습니다. 괄호를 어디에 넣을지, 변수를 어떻게 선언할지, 그리고 어떻게 기계처럼 생각할지에 대한 것이었습니다. 이는 정교함, 인내심, 끈기를 요구했습니다.

하지만 최근 AI의 발전으로 이러한 상황이 바뀌고 있습니다. 이제 오픈AI(OpenAI)의 GPT-5, 구글의 제미나이(Gemini), 앤트로픽(Anthropic)의 클로드(Claude) 같은 — 대규모 언어 모델(LLM)은 자연어 설명에 대한 응답으로 코드를 작성하고 편집하고 설명할 수 있습니다. 이러한 모델들은 공개 저장소와 문서에서 수십억 줄의 코드를 학습했습니다. 그 결과 이들은 일종의 "직관적 코딩"을 개발했습니다. 자동 완성 같은 초기 도구들이 문장을 완성했던 것처럼 LLM은 전체 프로그램을 완성할 수 있습니다.

2.2 코딩 도구의 과거와 현재

이러한 변화를 이해하기 위해 우리가 어떻게 여기까지 왔는지 살펴보겠습니다.

시대	핵심 도구	주요 기술
1980~1990년대	C, 어셈블리, 비주얼 베이직	저수준 로직
2000년대	자바, PHP, 닷넷	구조화된 프로그래밍
2010년대	파이썬, 자바스크립트 프레임워크	스크립트, API, 풀스택
2020년대	깃허브 코파일럿, 챗GPT	프롬프팅, 프로토타이핑
2025년 이후	바이브 코딩 도구	행동을 명확하게 설명하기

매번 찾아온 변화의 물결이 개발을 더 쉽게 만들었습니다. 버블(Bubble)이나 웹플로우(Webflow) 같은 로우코드 플랫폼도 이러한 대중화를 시사했지만 여전히 도구 저마다의 작업 흐름을 따라야 했습니다. 바이브 코딩은 이 장벽마저 제거합니다. 그 이유는 인터페이스가 아닌 사람

의 의도에 반응하기 때문입니다.

2.3 지금 바이브 코딩이 부상하는 이유

바이브 코딩을 가능하게 했을 뿐만 아니라 필연이 된 여러 요소가 한데 모였습니다.

1. LLM의 혁신적인 발전

2023년에 출시된 오픈AI의 GPT-4는 이전 모델에 비해 추론, 기억, 도구 사용 능력에서 상당한 개선을 보여 주었습니다. 최소한의 입력으로 코드를 작성, 수정, 설명할 수 있었는데 기초 업무에서는 주니어 개발자보다 더 나은 결과를 내는 경우가 잦았습니다. 이 모델들은 다음 줄을 예측하는 데 그치지 않고 지식이 풍부한 조수와 대화하는 경험을 흉내 냈습니다.

2. 대화 중심의 인터페이스

초기 AI 도구는 정확한 형식을 사용해야 했습니다. 지금은 커서(Cursor), 리플릿 고스트라이터(Replit Ghostwriter), 깃허브 코파일럿 챗(GitHub Copilot Chat) 같은 인터페이스에서 주고받는 대화가 가능합니다. 이렇게 물어볼 수 있습니다.

> 이것을 파이썬으로 다시 작성하고 async(비동기식)로 만들어 줘.

그러면 보통 주석이 달린 실행 가능한 코드를 작성해 줍니다.[2]

3. 소프트웨어 개발의 문화적 변화

소프트웨어를 어떻게 만들었는지보다 무엇을 만들었는지가 더 중요하다는 인식이 커지고 있습니다. 생산성 연구원 이선 몰릭(Ethan Mollick)

2 만약 주석을 원하면 "코드에 주석을 달아 줘."라고 요청하세요. 생성된 다양한 함수를 이해하는 데 주석이 도움이 될 것입니다.

은 "명확하게 설명할 수 있다면 AI로 만들 수 있다."라고 말합니다. 기술적 전문성에서 명확한 의사소통과 빠른 반복으로 관심이 이동하고 있습니다.

2.4 이것이 당신에게 의미하는 것

이제 코딩을 시작하는 데 컴퓨터 과학 학위는 필요하지 않습니다. 호기심과 명확한 아이디어만 있다면 다음과 같은 작업을 할 수 있습니다.

- 몇 분 만에 작동하는 프로토타입 만들기
- 개발자를 고용하지 않아도 무엇이 가능한지 탐색하기
- 암기보다는 실행을 통해 배우기

안드레이 카르파티는 간단하게 말했습니다.

"코드를 작성하는 것이 아니라 존재감을 불어넣는 것입니다."

이것은 마법이 아닙니다. 단지 도구가 아이디어를 따라잡아 가면서 일어나는 자연스러운 진화일 뿐입니다.

2.5 하지만 분명히 하자면 — 만능 해결책은 아니다

바이브 코딩은 많은 장벽을 없애지만 새로운 문제점을 만들기도 합니다.

- 과도한 의존: 코드를 이해하지 못하면 보안에 취약하거나 버그가 있는 결과물을 내놓기 쉽습니다.
- 모호함: LLM은 당신의 표현을 근거로 추측합니다. 프롬프트가 모호하면 결과도 모호해집니다.
- 추론의 한계: AI는 트레이드오프를 항상 제대로 판단하지 못하며 사람만큼 맥락을 이해하지도 못합니다.

그래서 이 책은 현실적인, 즉 열정만큼이나 적절한 경계심을 곁들인 접근 방식을 택합니다.

2.6 요약

바이브 코딩은 진짜 변화를 뜻합니다. 즉, 코드가 어떻게 작성되느냐만이 아니라 코드를 누가 작성하느냐까지 바뀐다는 뜻입니다. LLM의 성능이 향상됨에 따라 병목은 "내가 코딩할 수 있을까?"에서 "내가 원하는 것을 명확하게 설명할 수 있을까?"로 옮겨 갑니다. 3장에서는 이러한 사고방식을 어떻게 개발하는지, 그리고 바이브 코더(vibe coder)처럼 생각한다는 것이 무엇을 의미하는지 살펴보겠습니다.

3장

바이브 코더의 사고방식

AI 시대에 다르게 생각하기

3.1 엔지니어에서 동료로

바이브 코딩부터는 생각하는 틀을 바꿔야 합니다. 이제는 논리 퍼즐을 하나씩 해결하는 엔지니어가 아닙니다. 빠르고 유능한 조수와 협업하는 프로덕트 디자이너에 더 가깝습니다. 원하는 것을 설명하면 AI는 어떻게 만들지 제안합니다. 그렇다고 로직을 포기하라는 말은 아닙니다. 대신 코드로 생각하는 것에서 개념으로 사고하는 수준으로, 한 단계 위로 올라가는 것입니다. 이 차이점을 생각해 보세요.

전통적 사고방식	바이브 코딩 사고방식
"리액트(React)에서 폼은 어떻게 구현해?"	"이름과 이메일을 수집하는 폼이 필요해. 간단하게 스타일링해 줘."
"올바른 SQL 문법은 뭐지?"	"활동량 기준 상위 10명의 사용자를 보여 주는 쿼리를 만들어 줘."
"CSS로 div를 가운데 정렬하려면?"	"이 섹션을 가운데 정렬로 보이게 하고 반응형으로 만들어 줘."

LLM이 구현을 담당합니다. 당신은 의도에만 집중하면 됩니다.

3.2 프로그래머가 아닌 프로덕트처럼 생각하기

바이브 코딩의 핵심 역량은 결과물을 말로 그려내는 것입니다. 코드를 떠올리기보다 행동을 떠올리세요.

- 이 페이지는 무엇을 해야 하지?
- 어떻게 보여야 하지?
- 그 버튼을 클릭하면 무슨 일이 일어나야 하지?

여기서 명확하게 표현할 것은 함수가 아니라 기능입니다. 깃허브(Github)와 마이크로소프트가 함께 한 연구[3]에 따르면 코파일럿(Copilot)을 쓰는 개발자들이 "몰입 상태(flow)"를 더 오래 유지할 수 있었고

3 *https://github.blog/news-insights/research/research-quantifying-github-copilots-impact-on-developer-productivity-and-happiness*

무엇을 만들지에 집중할 수 있었으며 어떻게 입력할지는 고민하지 않아도 되었다고 말했습니다. 처음 시작하는 사람이라면 한술 더 떠서 자연어로 아이디어를 직접 다듬으며 문법을 건너뛸 수도 있습니다.

3.3 반복이 곧 초능력

바이브 코딩은 빨리 돌려 보는 피드백 루프에서 빛을 발합니다. 1차 시도에서 정답을 맞출 필요는 없습니다. 프롬프트를 작성하고 검토하고 수정하며 반복하면 됩니다.

좋은 루프는 다음과 같습니다.

3.3.1 초기 프롬프트

```
헤드라인과 콜투액션(call-to-action)이 있는 랜딩 페이지를 만들어 줘.
```

1. 검토: "버튼을 좀 키우고 배경 이미지도 깔아 줘."
2. 다듬기: "버튼을 클릭했을 때 회원가입 섹션으로 부드럽게 스크롤되게."
3. 디버그: "모바일에서 스크롤이 안 돼 – 이거 고쳐 줘."

핵심은 LLM을 유능하고 빠르지만 완벽하지는 않은 주니어 파트너처럼 대하는 것입니다.

3.4 상사처럼 명령하지 말고 선생님처럼 물어보기

LLM은 "이 디자인을 고쳐 줘." 또는 "더 좋게 만들어 줘." 같은 모호한 지시에 잘 반응하지 않습니다. 맥락과 요점을 명확하게 알려 줄 때 더 효과적입니다.

다음처럼 요청하는 대신

```
이 디자인을 개선해 줘.
```

이렇게 시도해 보세요.

> 텍스트 크기를 줄이고 섹션 사이에 간격을 추가해서 레이아웃을 더 깔끔하게 만들어 줘. 모던한 느낌의 산세리프(sans-serif) 글꼴을 사용해 줘.

이는 명확하고 구체적인 프롬프트가 더 정확하고 유용한 결과물을 가져온다는 주요 기관의 연구 결과와 일치합니다. AI가 당신의 의도를 더 잘 이해할수록 더 신뢰할 수 있는 도움을 줄 수 있습니다.

3.5 불확실성을 받아들이되 정보는 놓치지 않기

LLM은 때때로 다음과 같은 일을 벌일 수 있습니다.

- 자신감 있게 틀리거나 비효율적인 코드를 출력한다.
- 존재하지 않는 함수를 지어내거나 모호한 요청을 잘못 해석한다.
- 안전하지 않거나 구식의 관행을 제안한다.

당신의 역할은 맹목적으로 신뢰하는 것이 아니라 적극적으로 이끄는 것입니다. 모든 코드를 한 줄씩 이해하지 않아도 됩니다. 그러나 결과물에 대한 책임은 당신에게 있습니다. AI를 강력한 도구처럼 대하지만, 여전히 당신이 잡고 이끌어야 합니다. LLM을 쓰는 이유는 생각을 피하기 위해서가 아닙니다. 더 빠르게 생각하고 빠르게 결과를 얻기 위해 사용하세요.

3.6 요약

좋은 바이브 코더가 되기 위해 기술을 잘 알 필요는 없습니다. 명료함, 호기심, 그리고 기꺼이 반복하려는 태도만 있으으면 됩니다.

최고의 결과를 얻으려면 다음을 실천하세요.

- 원하는 것을 명확하게 말하세요.

- 결과와 행동을 기준으로 생각하세요.
- LLM을 신탁이 아니라 동료로 다루세요.
- 코드가 실행될 때도 관심을 놓지 마세요.

4장에서는 바이브 코딩 환경을 설정하고 시작할 때 적합한 도구를 고르는 방법을 알아보겠습니다.

4장

바이브 코딩 툴킷

바이브 코딩을 위한 도구, 플랫폼, 환경

4.1 시작할 때 필요한 건 단 두 가지

바이브 코딩을 시작하는 데 컴퓨터 공학 학위나 복잡한 소프트웨어 설정은 필요하지 않습니다. 필요한 것은 단 두 가지입니다.

- 코드를 이해하는, 성능이 좋은 대규모 언어 모델(LLM)
- 코딩 환경 또는 채팅 인터페이스에서 해당 모델과 상호작용할 수 있는 공간

이것이 전부입니다. 나머지는 자신이 선호하는 방식(그림, 텍스트, 대화)에 맞춰 작업 흐름을 만들면 됩니다. 실제로 어떤 모습인지 살펴보겠습니다.

4.2 LLM 플랫폼 선택하기

바이브 코딩의 핵심은 AI 비서입니다. 올바른 LLM을 선택하는 것은 당신의 경험이 얼마나 생산적일지 (그리고 즐거울지) 좌우합니다.

2025년 12월 현재 주요 모델은 다음과 같습니다.

모델	강점	가장 적합한 용도
챗GPT(오픈AI)	빠른 속도, 멀티모달, 코드 이해 능력	범용 코딩, 디버깅, UI 프로토타이핑
클로드(앤트로픽)	지침을 따르는 능력이 매우 뛰어남	구조화된 프롬프트, 안전한 기본 설정, 코드 설명
제미나이(구글 딥마인드)	긴 컨텍스트, 구글 도구와 통합	데이터 중심 워크플로, 스프레드시트, 웹 앱
코파일럿 챗(깃허브 + 오픈AI)	VS Code 내장	실시간 개발 지원, 에디터 내 디버깅 가능

코딩이 처음이라면 현재로서는 챗GPT가 가장 접근하기 쉽습니다. 이 모델은 빠르고 관대하며 모호한 프롬프트로도 전체 코드를 생성할 수 있습니다. GPT-5를 기반으로 한 다양한 도구들(레플릿 고스트라이터 또는 커서)은 훨씬 더 사용자 맞춤형 경험을 제공합니다.

4.3 인터페이스: 입력하고 실행하는 공간

이러한 LLM을 완벽한 코딩 어시스턴트로 바꿔 주는 플랫폼이 몇 가지 있습니다.

1. 채팅 기반 플랫폼

아직 코드가 익숙하지 않다면 여기서부터 시작하세요.

- 코드 인터프리터가 있는 챗GPT: 요청 사항을 받아서 바로 실행 가능한 코드 조각을 상세한 설명과 함께 제공합니다.
- Claude.ai: 생성한 코드를 설명하고 논리적 오류를 찾아내는 데 뛰어납니다.
- 구글 제미나이: 구글 문서, 시트, 앱스 스크립트와 연동됩니다.

이러한 도구는 대화형 워크플로와 비개발자에게 매우 적합합니다.

2. AI 지원 기능이 있는 코드 에디터

더 세밀한 제어와 실시간 개발을 원한다면 다음을 사용하세요.

- VS Code + 깃허브 코파일럿 챗: 코드 에디터 바로 안에 AI가 있습니다.
- 커서: 프롬프팅과 대화형 상호작용을 중심으로 설계된 새로운 "AI 네이티브" 에디터입니다.
- 레플릿: AI 통합, 앱 즉시 미리 보기를 지원하는 브라우저 기반 IDE(통합 개발 환경)입니다.
- 안티그래비티: 구글이 2025년 11월에 공개한 VS 코드 기반의 에이전트 우선 IDE입니다.

토이 프로젝트 이상의 작업을 하거나 코드가 실제로 어떻게 작동하는지 탐구하고 싶다면 자연어와 전통적인 코드 보기를 모두 제공하는 이러한 도구가 최고의 선택입니다.

4.4 첫 번째 바이브 코딩 환경 설정하기

시작하는 방법을 간단히 알아보겠습니다.

옵션 A(설정 불필요)

1. `chat.openai.com`으로 이동합니다.
2. GPT-5를 사용합니다(챗GPT Plus를 통해 이용 가능).
3. 다음과 같은 프롬프트로 시작합니다.

> 환영 메시지와 클릭하면 텍스트가 바뀌는 버튼이 있는 간단한 HTML 페이지를 만들어 줘.

옵션 B(전체 워크플로)

1. VS Code를 설치합니다.
2. 깃허브 코파일럿 챗을 설치합니다.
3. 깃허브 계정을 연결합니다(구독해야 할 수 있습니다.).
4. 새 파일을 열고 에디터에 직접 프롬프트를 입력합니다.

대체적으로 전통적인 IDE보다 더 자연스러운 "바이브 코딩"을 지원하는 통합된 형태의 AI 에디터, 커서를 사용할 수도 있습니다.

4.5 프롬프팅의 기초: 흐름에 빠져들기

새로운 코더로서 당신의 역할은 코드를 아는 것이 아닙니다. 코드로 무엇을 해야 하는지 설명하는 것입니다. 프롬프트를 위한 실질적인 구조를 살펴보겠습니다.

1. 목표

> 내 웹사이트를 위한 문의 양식을 만들고 싶어.

2. 세부 사항

> 이름, 이메일, 메시지 필드를 포함해야 해. 스타일은 미니멀하게.

3. 행동

> 사용자가 제출하면 감사 메시지를 보여 주고 양식을 비워 줘.

그런 다음 반복 수정할 수 있습니다.

> 비어 있는 필드에 대한 유효성 검사를 추가해 줘.
> 반응형 모바일로 만들어 줘.
> 어두운 테마로 바꿔 줘.

프롬프트는 기술입니다. 연습하면 할수록 더 능숙해집니다.

4.6 코드 저장, 테스트, 실행하기

생성된 코드는 다음 방법을 사용해 활용할 수 있습니다.

- 코드펜(CodePen), JSFiddle, 레플릿 같은 온라인 에디터에 복사하기
- 텍스트 에디터(예: VS Code)에 로컬로 저장하고 브라우저에서 열기
- (챗GPT 또는 클로드의) 샌드박스 기능으로 브라우저에서 바로 실행하기

대부분의 LLM은 코드를 어디에 붙여넣고 어떻게 미리 보기할지까지 알려 줍니다. 이것이 바로 마법 같은 부분입니다. 혼자서 헤매지 않도록 친절하게 알려 줍니다.

4.7 요약

바이브 코딩을 할 때 엄청난 설정이나 전문적인 지식은 필요하지 않습니다. 강력한 LLM, LLM과 소통하는 방법, 만들고자 하는 것에 대한 명

확한 아이디어만 있으면 됩니다. 당신이 편안하다고 느끼는 수준의 도구로— 채팅만 사용하는 방식이든 전체 에디터를 사용하는 방식이든 — 시작해 발전해 나가세요.

5장에서는 효과적인 프롬프트 작성법을 자세히 살펴보겠습니다. 어떤 방법이 효과적이고 어떤 방법이 그렇지 않은지 아이디어를 명확한 코드로 바꾸는 방법에 대해 알아보겠습니다.

5장

프롬프트 엔지니어링 101

기계가 이해하도록 말하는 방법

5.1 프롬프트가 중요한 이유

바이브 코딩에서 프롬프트는 강력한 도구입니다. 원하는 것을 잘 설명할수록 AI는 더 나은 성능을 발휘합니다. 프롬프트는 단순한 명령이 아닙니다. 대화를 여는 말이고, 브리핑이며, 흔히 디버깅 도구이기도 합니다. 프롬프트는 아이디어를 코드로 바꾸는 도구입니다.

바이브 코딩을 잘하는 사람은 기술적으로 뛰어난 사람이 아니라 가장 명료하게 말하는 사람입니다. 2023년 마이크로소프트의 연구[4]에 따르면 명확하고 구조화된 프롬프트가 모호한 프롬프트에 비해 LLM 코딩의 정확도를 40% 높였다고 합니다. 이는 어떤 단어를 사용하느냐가 매우 중요하다는 의미입니다.

5.2 좋은 프롬프트의 구성 요소

좋은 프롬프트는 다음과 같습니다.

- 구체성: 한 번에 한 가지 작업에 집중하세요.
- 구조화: 명확한 목록, 섹션 또는 요청을 사용하세요.
- 대화형: 동료에게 브리핑하는 것처럼 작성하세요.
- 설명형: '어떻게'만이 아니라 '무엇을'도 설명하세요.

다음은 허술한 프롬프트의 예시입니다.

```
웹사이트를 만들어 줘.
```

더 나은 버전과 비교해 보세요.

```
검은색 배경, 흰색 텍스트, 중앙에 'Coming Soon'이라는 굵은 제목이 있는 단일 페이지 웹사이트를 만들어 줘. 2026년 1월 1일 카운트다운 타이머를 포함해 줘.
```

4 *https://www.microsoft.com/en-us/research/wp-content/uploads/2023/12/NewFutureOfWork_Report2023.pdf*

두 번째 버전이 더 명확할 뿐만 아니라 시간도 절약됩니다.

5.3 활용할 수 있는 프롬프트 템플릿

프롬프트를 처음부터 만들 필요는 없습니다. 다음과 같은 구조를 유연하게 사용해 보세요.

1. 프롬프트 만들기

[특정 동작 또는 콘텐츠]가 있는 [구성 요소]를 만들어 줘. [디자인 선호도]로 스타일링하고 [도구 유형]에서 작동하도록 해 줘.

예시

홈, 소개, 연락처 링크가 있는 내비게이션 바를 만들어 줘. 어두운 테마로 스타일링하고 반응형 모바일로 만들어 줘.

2. 프롬프트 디버깅

[오류]가 발생했어. 코드는 여기: [코드 조각 붙여넣기]. 무엇이 잘못되었는지, 어떻게 고쳐야 하는지 알려 줘.

3. 프롬프트 개선

다음 코드를 [더 빠르게 / 더 읽기 쉽게 / 모바일에서 사용하기 좋게 / 접근성 좋게] 개선해 줘. 무엇을 변경했는지 설명해 줘.

4. 프롬프트 재구성

이 섹션을 [바닐라[5] 자바스크립트 사용 / 리액트로 변환 / Tailwind CSS 사용]하도록 다시 작성해 줘.

5. 워크플로 프롬프트

[기능]을 수행하는 [도구 또는 앱]을 만들어 줘. 먼저 HTML을 생성한 뒤 CSS, 자바스크립트를 순서대로 생성해 줘.

이러한 템플릿으로 창의적인 아이디어를 구조화합니다. 연습하다 보면 자유자재로 응용할 수 있게 됩니다.

5.4 더 나은 프롬프팅을 위한 팁

다음 원칙을 따르면 지금보다 훨씬 뛰어난 수준으로 나아갈 수 있습니다.

1. 큰 요청을 작은 단계로 나누세요

다음 대신

다중 페이지 전자상거래 사이트를 만들어 줘.

다음처럼 해 보세요.

제품 카드를 포함한 홈페이지 제작부터 시작해 줘.

5 (옮긴이) 라이브러리나 프레임워크 없이 순수하게 브라우저에 내장된 자바스크립트만 사용하는 것

2. 예시를 사용하세요

이렇게 말하세요.

Stripe 웹사이트의 버튼 같은 버튼을 만들어 줘.

3. 명료하게 말하세요

이렇게 말하세요.

이게 어떻게 작동하는지 잘 모르겠어 — 두 가지 옵션을 제안해 줄 수 있을까?

4. 자연어를 사용하세요

이해하지 못한다면 "개발자 용어"를 피하세요. 명확성이 전문 용어보다 중요합니다.

5. 맥락을 포함하여 다시 프롬프팅하세요

무언가 잘못되었다면 처음부터 다시 시작하지 마세요. 이렇게 말하세요.

그건 정확하지 않아. 레이아웃을 더 넓게 만들고 글꼴 크기를 줄여 줘.

5.5 흔한 프롬프트 실수 (그리고 해결책)

실수	해결책
너무 모호함	더 많은 세부 사항을 추가하거나 예시를 제공하세요.
한 번에 여러 가지를 요청함	더 작은 프롬프트로 나누세요.
AI가 이해한 내용을 확인하지 않음	질문: "이제 하려는 일을 요약해 줄 수 있을까?"
첫 번째 결과물을 그대로 수용함	개선 사항이나 대안을 요청하세요.
테스트하는 것을 깜빡함	코드를 어딘가에 붙여넣고 실제로 어떻게 작동하는지 확인하세요.

프롬프팅은 시험이 아닙니다. 대화입니다.

5.6 사고방식의 전환

목표는 AI에 지시하는 것이 아니라 함께하는 협업입니다. 프롬프팅을 – 수행이 아닌 – 연습으로 여기세요. 하나하나의 모든 프롬프트는 다음번에 더 잘 통하는 방법을 가르쳐 줍니다. 첫 시도에 완벽하려고 애쓰지 마세요. 반복하고, 실험하세요. 문법이 아니라 아이디어를 다듬으세요. 시간이 지나면 – 프롬프트 작성은 명확한 이메일을 쓰거나 계획을 세우는 것처럼 – 몸에 밴 습관이 될 것입니다.

5.7 요약

효과적인 프롬프트 작성은 바이브 코딩의 핵심 스킬입니다. 아이디어를 명확성, 구체성, 목적성을 담아 아이디어로 표현하는 법을 익히면 LLM의 잠재력을 온전히 끌어낼 수 있습니다. 기술 전문가가 될 필요는 없습니다. 명확하게 설명하는 커뮤니케이터가 되어야 합니다.

6장에서는 첫 번째 실전 프로젝트를 진행하게 됩니다. 자연어만으로 만드는 간단하고 실용적인 앱입니다.

6장

아이디어에서 결과물까지

첫 번째 바이브 코딩 앱

목표: 할 일(To-Do) 관리 애플리케이션 만들기 A to Z

모든 사람에게 유용한 할 일 목록(To-Do List)부터 시작해 보겠습니다.

왜 이 프로젝트일까요?

- 이해하기 쉽습니다.
- 실제 상호작용 기능을 담고 있습니다(추가, 완료, 삭제).
- 구조(HTML), 스타일(CSS), 로직(자바스크립트)이 모두 들어갑니다.

코드를 직접 작성하지 않아도 앱을 만들 수 있습니다.

6.1 1단계: 앱을 명확하게 설명하기

처음 할 일은 기술이 아니라 콘셉트 정리입니다.

> 간단한 할 일 목록(To-Do List) 관리 앱을 만들어 줘. 사용자가 새 작업을 추가하고 완료로 표시하고 삭제할 수 있어야 해. 디자인은 깔끔하고 모바일에서 사용하기 좋게 만들어 줘.

이 한 문장만으로도 작동하는 앱을 만드는 데 필요한 정보를 AI에 모두 전달할 수 있습니다. 왜 효과적인지 나눠 봤습니다.

- 간단함: 복잡성 수준을 설정합니다.
- 추가, 완료, 삭제: 핵심 기능을 정의합니다.
- 깔끔하고 모바일 환경에 적합함: 디자인 방향을 제시합니다.
- 컴퓨터에 지시하는 것이 아니라 협업하는 동료에게 브리핑하는 것입니다.

6.2 2단계: 결과물을 함께 검토하기

LLM(예: 챗GPT, 클로드, 제미나이)이 코드를 반환하면 일반적으로 세 가지 부분으로 구성됩니다.

- ➢ HTML - 구조
- ➢ CSS - 디자인
- ➢ 자바스크립트 - 작동(기능)

여러분이 할 일은 이 코드를 읽고 요청한 내용과 일치하는지 확인하는 것입니다. 스스로 이런 질문을 해 보세요.

- ➢ 레이아웃이 사용하기에 적합한가요?
- ➢ 빠진 기능이 있나요?
- ➢ 불분명하거나 너무 복잡한 부분이 있나요?

만약 무언가 마음에 들지 않는다면 이렇게 말하면 됩니다.

작동하면서 완료된 작업이 흐리게 보이고 취소선이 생겼으면 좋겠어.

그러면 AI는 변경된 의도에 맞춰 CSS와 자바스크립트를 수정합니다.

6.3 3단계: 코드 실행하기

새로 만든 앱을 테스트하는 세 가지 쉬운 방법이 있습니다.

1. 온라인 에디터에 붙여넣기

코드펜, JSFiddle, 레플릿을 사용하세요. 전체 HTML을 복사하여 붙여넣고 '실행'을 클릭하세요.

2. 챗GPT에서 실행하기(유료 구독 필요)

챗GPT Plus 사용자는 GPT-5의 미리 보기 창을 사용하여 HTML + 자바스크립트 코드를 브라우저에서 바로 실행할 수 있습니다.

3. 로컬에 저장하기

메모장이나 VS Code 같은 간단한 텍스트 에디터를 엽니다. 코드를 파일에 붙여넣고 index.html로 저장합니다. 파일을 더블클릭해 브라우저에서 엽니다. 코드를 실행하면 결과물을 직접 확인할 수 있습니다. 앱이 현실로 다가오게 됩니다.

6.4 4단계: 프롬프트 반복하기

이제 코드를 직접 수정하는 대신 프롬프트를 다듬어 앱을 개선하세요. 몇 가지 예시를 살펴보겠습니다.

> 모든 완료된 작업을 지우는 버튼을 추가해 줘.

> 남은 작업 개수를 보여 주는 카운터를 포함해 줘.

> 부드러운 초록색 배경과 둥근 입력 필드를 사용해 줘.

> 새로고침해도 작업이 사라지지 않도록 로컬 저장소에 저장해 줘.

프롬프트 하나하나가 LLM에 새로운 것을 가르치고 각각의 응답은 기능을 더해 줍니다. 코드를 하나씩 쌓아 올리는 방식이 아니라 대화로 코딩하는 것입니다.

6.5 5단계: 진행하면서 배우기

여러분의 목표가 개발자가 되는 것이 아니더라도 이것은 배움의 기회입니다. 다음 프롬프트를 입력해 보세요.

> 자바스크립트 코드가 라인별로 무엇을 하는지 설명해 줘.

또는

작업 완료를 표시하는 로직을 간단하게 만들어 줘.

LLM은 쉬운 말로 코드를 차근차근 설명해 줍니다. 코드를 관찰하기만 해도 구조, 흐름, 패턴을 자연스럽게 익히게 됩니다. MIT CSAIL의 2024년 연구[6]에 따르면 대화형 코드 생성을 사용한 학습자는 전통적인 튜토리얼을 사용한 학습자보다 함수형 프로그래밍 개념을 더 잘 기억하는 것으로 나타났습니다.

6.6 6단계: 회고하고 저장하기

앱이 작동하면 잠시 시간을 내어 세 가지 작업을 수행하세요.

4. 코드 저장하기

➢ 컴퓨터 또는 클라우드 저장소에 백업하세요.

5. 아이디어 문서화하기

➢ AI에 요청하세요.

이 앱이 어떻게 작동하는지 설명하는 짧은 README를 작성해 줘.

6. 회고하기

➢ 무엇이 잘 작동했나요?

➢ 무엇이 헷갈렸나요?

➢ 다음번에는 어떤 점을 다르게 할 건가요?

이 과정은 배운 내용을 단단히 굳히고 더 복잡한 프로젝트를 준비하는 데 도움이 됩니다.

6 *https://news.mit.edu/2024/natural-language-boosts-llm-performance-coding-planning-robotics-0501*

6.7 요약

6장에서는 프롬프트만 사용해 처음으로 실행 가능한 앱을 만들었습니다. 당신은 다음을 수행했습니다.

- 아이디어 설명하기
- 구조화된 코드 받기
- 실시간으로 실행하고 테스트하기
- 대화를 통해 기능 개선하기
- 코드가 어떻게 작동하는지 배우기 시작하기

이제 바이브 코더의 기본 워크플로를 갖췄습니다.

1. 설명하기
2. 테스트하기
3. 개선하기
4. 반복하기

7장에서는 바이브 코딩의 확장성을 – 간단한 랜딩 페이지에서 시작해 대화만으로 만들어지는 완전한 웹사이트까지 – 살펴보겠습니다.

7장

단어로 만드는 웹사이트

자연어로 웹 페이지를 만드는 방법

7.1 웹은 이제 프롬프트에 반응합니다

웹 디자인은 느리고 전문적인 과정, 예를 들어 와이어프레임, HTML 기본 구조, CSS 튜닝, 브라우저 테스트를 거쳐야 했습니다. 간단한 사이트도 구축하는 데 몇 시간이 걸렸습니다. 이제는 바이브 코딩으로 – 원하는 것을 설명하기만 하면 코드를 작성하지 않아도 – 몇 분 안에 기능적이고 스타일이 적용된 웹사이트를 만들 수 있습니다.

단순히 빠르기만 한 게 아닙니다. 표현력도 뛰어납니다. 단어만 입력하면 웹사이트를 만들어 냅니다. 2025년 현재 LLM은 제대로 된 웹 페이지를 안정적으로 만들 수 있습니다. 만들 수 있는 웹 페이지는 다음과 같습니다.

- 랜딩 페이지
- 제품 포트폴리오
- 개인 블로그
- 이벤트 초대장
- 이메일 캡처 페이지

LLM은 단순히 HTML 기본 구조를 만드는 데 그치지 않고 상호작용을 만들고, 스타일을 입히고, 심지어 문구까지 추천해 줍니다.

7.2 구조부터 시작하기

가장 중요한 질문은 이것입니다. '어떤 웹사이트가 필요한가?' 거창한 전문 용어는 필요하지 않습니다. 설명만 명확하면 됩니다. 완성도가 높은 시작 프롬프트 예시를 보여드리겠습니다.

> 개인 포트폴리오용 반응형 원 페이지 웹사이트를 만들어 줘. 내 이름과 태그라인이 있는 헤더, 소개 섹션, 지난 프로젝트 갤러리, 아래에는 연락처 양식이 포함되어야 해. 현대적이고 깔끔한 디자인과 중성적인 색상을 사용해 줘.

다음은 LLM이 따라야 할 가이드라인입니다.

- 목적: 개인 포트폴리오
- 레이아웃: 헤더, 소개, 갤러리, 연락처 양식
- 스타일: 현대적인, 깔끔한, 중성적

크리에이티브 디렉터처럼 의도와 톤을 지시했습니다.

7.3 변수가 아닌 바이브로 스타일링하기

바이브 코딩에는 특별한 자유가 있습니다. CSS를 작성하는 방법을 알 필요가 없습니다. 무언가가 어떻게 보이고 어떻게 느껴졌으면 하는지만 말해 주면 됩니다.

다음은 프롬프트 예시입니다.

```
섹션 사이에 넓은 공백이 있는 부드러운 파스텔 팔레트를 사용해 줘.
```

```
타이포그래피를 굵고 고대비(high-contrast)로 만들어 줘.
```

```
버튼에 살짝 변하는 호버 효과7를 추가해 줘.
```

```
스칸디나비아 디자인 느낌 — 미니멀하고, 여백이 있으며, 단색 — 으로 만들어 줘.
```

잘 훈련된 모델은 이러한 스타일 요청을 해석해 레이아웃에 적용할 것입니다. 만약 마음에 들지 않는 부분이 있다면 스타일시트를 찾을 필요 없이 이렇게 말하면 됩니다.

```
색상이 너무 차가워. 더 따뜻하고 매력적으로 만들어 줘.
```

7 (옮긴이) 마우스를 올려놓았을 때 발생하는 효과

이러한 반복 과정을 거치면서 감각으로 디자인하게 됩니다. 감각이란 인간 - AI의 협업에서 중요해진 역량입니다.

7.4 상호작용을 쉽게 추가하기

정적 웹사이트는 시작에 불과합니다. 대부분의 사이트에는 기본 상호작용이 필요합니다.

- 고정 헤더
- 부드러운 스크롤
- 이미지 캐러셀(Carousel)[8]
- 모달 팝업[9]
- 폼 유효성 검사

바이브 코딩이라면 자바스크립트를 몰라도 이러한 기능을 쉽게 쓸 수 있습니다. 이렇게 요청해 보세요.

스크롤할 때 현재 섹션을 강조하는 고정 내비게이션 바를 추가해 줘.

사용자가 '문의하기'를 클릭하면 모달 팝업이 나타나게 해 줘.

AI가 보이지 않는 곳에서 필요한 자바스크립트, HTML 업데이트, 이벤트 리스너를 생성합니다. 직접 코드를 연결할 필요가 없습니다. 이렇게 요청할 수 있습니다.

- 로직을 설명해 줘.
- 특정 라이브러리(예: jQuery, Alpine.js)를 사용하도록 코드를 바꿔 줘.
- 성능을 개선해 줘.

8 (옮긴이) 이미지를 슬라이드 형식으로 보여 주는 기능
9 (옮긴이) 화면 위에 뜨는 팝업

➢ 접근성을 추가해 줘.

이제 단순히 만들기만 하는 게 아니라 전체를 조율하는 것입니다.

7.5 전체를 통합하기: 라이브 실습

다음은 모든 요소를 통합한 프롬프트입니다.

> Flour & Bloom이라는 동네 빵집을 위한 반응형 랜딩 페이지를 만들어 줘. 페이지에는 태그라인이 있는 영웅 이미지, 오늘의 특별 메뉴 섹션, 사진 갤러리, 문의 양식이 포함되어야 해. 따뜻한 톤, 세리프 글꼴, 부드러운 둥근 버튼을 사용해 줘. 섹션 간 부드러운 스크롤과 고정된 내비게이션 바를 포함해 줘.

GPT-5 또는 클로드 4와 같은 모델은 몇 초 안에 전체 소스 코드를 만들 수 있습니다. 그다음에는 이렇게 할 수 있습니다.

- 코드펜 또는 리플릿에서 미리 보기
- 문구 수정("태그라인을 '매일 신선하게 구워 낸'으로 변경해 줘.")
- 콘텐츠 추가("특별 메뉴에 세 가지 페이스트리 예시를 포함해 줘.")
- 세부 사항 스타일링("직접 버튼을 그린 것처럼 보이게 해 줘.")

프런트엔드 개발자가 하루 종일 걸리던 일이 이제 정교한 프롬프트 몇 번으로 30분이면 끝납니다.

7.6 더 나은 웹 기반 프롬프트 팁

목표	프롬프트 전술
레이아웃 제어	"이 섹션에 두 개의 열 레이아웃을 사용해 줘."
타이포그래피	"제목에는 세리프체를, 본문에는 산세리프체를 적용해 줘."
반응성	"사이트가 모바일과 태블릿에 잘 맞춰지도록 해 줘."
시각적 아이덴티티	"패션 브랜드 같은 느낌, 즉 우아하고 미니멀한 느낌을 줘."

목표	프롬프트 전술
접근성	"버튼에 ARIA[10] 레이블을 추가하고 색상 대비가 WCAG[11] 가이드라인을 따르도록 해 줘."

무엇을 원하는지 모르겠다면 AI에 물어보세요.

친환경 가구 사이트를 위한 레이아웃 아이디어 세 가지를 제안해 줘.

AI를 단순한 코드 생성기가 아니라 디자인 파트너로 대하세요.

7.7 요약

이제 자연어만으로 완성된 웹사이트를 구축하는 방법을 알게 되었습니다. 7장에서는 다음을 수행했습니다.

- 간단한 프롬프트로 구조화된 페이지 레이아웃 만들기
- 느낌과 톤을 설명해 요소 스타일링하기
- 자바스크립트를 사용하지 않고 작동 기능 추가하기
- 코드가 아닌 단어를 수정하며 반복 작업하기

이제 당신의 어휘력이 당신의 초능력입니다. 의도가 명확할수록 웹사이트는 더 좋아집니다. 다음은 웹사이트에서 실제 앱, API, 자동화 시스템으로 넘어가는 방법을 살펴볼 차례입니다. 바이브 코딩으로 더 많은 상호작용을 추가하고 역동적인 도구를 만들어 보겠습니다.

10 (옮긴이) ARIA(Accessible Rich Internet Applications)는 장애가 있는 사용자도 웹 콘텐츠에 접근하도록 돕는 WAI-ARIA 표준입니다. 〈button aria-label="닫기"〉X〈/button〉처럼 아이콘만 있고 텍스트가 없어도 스크린 리더 사용자는 "닫기"라는 안내를 들을 수 있습니다.

11 (옮긴이) WCAG(Web Content Accessibility Guidelines, 웹 콘텐츠 접근성 지침)은 W3C에서 만든 국제 표준 지침입니다. 장애가 있거나 환경에 제약이 있는 사람도 동등하게 웹을 이용할 수 있도록 보장합니다.

8장

앱, API, 자동화

프롬프트를 동적으로 작동하는 도구로 만들기

Vibe Coding for Beginners

8.1 웹 페이지에서 웹 앱으로

지금까지는 자연어만으로 완성된 웹사이트를 만드는 법을 배웠습니다. 이제 한 단계 더 나아가 정보를 보여 주기만 하는 게 아니라 무언가를 하는 상호작용형 데이터 기반 도구를 만들어 보겠습니다. 다음과 같은 도구를 생각해 보세요.

- 실시간 일기 예보를 제공하는 날씨 앱
- 사용자 입력을 구글 시트에 저장하는 양식
- 고객의 질문에 응답하는 챗봇
- 계산기, 타이머 또는 퀴즈
- 콘텐츠 피드에서 자동으로 업데이트되는 포트폴리오

예전에는 복잡한 자바스크립트, 프레임워크, 서버 로직이 필요했지만, 이제는 성능 좋은 LLM과 명확한 프롬프트만 있으면 프로토타입은 물론 완성된 웹사이트까지도 만들 수 있습니다.

8.2 앱을 앱답게 만드는 요소

가장 단순한 형태의 앱은 다음을 수행합니다.

- 사용자로부터 입력을 받습니다.
- 로직 또는 데이터 처리를 수행합니다.
- 결과를 표시하거나 저장합니다.

예시 프롬프트에서 이를 자세히 살펴보겠습니다.

> 팁 계산기 앱을 만들어 줘. 사용자가 청구 금액을 입력하고 팁 비율을 선택할 수 있어야 해. 버튼을 클릭하면 팁을 포함한 총액이 표시되어야 해. 깔끔하게 스타일링하고 모바일에서 사용하기 좋게 만들어 줘.

이렇게 요청하면 보통 다음이 생성됩니다.

- 입력 필드가 있는 HTML 양식
- 계산을 처리하는 자바스크립트
- 레이아웃 및 반응형을 위한 CSS

확장하고 싶다면 다음 프롬프트를 사용하면 됩니다.

> 사람 수대로 금액을 나누는 드롭다운 목록을 추가해 줘.

이처럼 코드를 고치는 대신 개념을 다듬는 것만으로도 동적으로 작동하는 웹사이트를 만들 수 있습니다.

8.3 외부 세계와 대화하기: API

API(Application Programming Interface)를 사용하면 앱이 — 날씨 데이터, 주가, 지도, 심지어 다른 AI 모델과 같은 앱이— 외부 서비스와 통신할 수 있습니다. 바이브 코딩이라면 API 사용은 더 이상 숙련된 개발자만의 전유물이 아닙니다. 다음 프롬프트를 입력해 보세요.

> 사용자의 도시를 기반으로 현재 온도를 표시하는 간단한 날씨 앱을 만들어 줘. 날씨는 OpenWeather API를 사용해 줘.

LLM은 다음을 수행합니다.

- 앱 레이아웃 구성하기
- OpenWeather API를 호출하는 자바스크립트 추가하기
- 응답 데이터를 분석(parsing)하고 화면에 표시하기
- 지명이 잘못되었을 때의 오류 처리 포함하기

문서를 외울 필요 없이 이렇게 물어보면 됩니다.

> OpenWeather API 키는 어떻게 발급받고 코드의 어디에 넣어야 할까?

이렇게 코드 구조에 대해 도움을 받는 방식 덕분에 초보 개발자의 발목을 잡는 어려움이 사라집니다.

8.4 스크립트를 작성하지 않고 작업 자동화하기

바이브 코딩의 가장 강력한 활용 중 하나는 자동화입니다. 다음과 같은 작업을 원한다고 해 봅시다.

- 누군가 양식을 제출할 때마다 자동으로 나에게 이메일 보내기
- 구글 시트에 양식 데이터 수집하기
- 업로드 파일을 PDF로 변환하기
- 알림 예약하기 또는 보고서 생성하기

각종 스크립트와 서비스를 연결하는 대신 이렇게 프롬프트할 수 있습니다.

> 제출하면 이름과 메시지를 구글 시트에 추가하는 간단한 문의 양식을 앱스 스크립트(Apps Script)로 만들어 줘.

LLM은 다음을 수행할 수 있습니다.

- 프런트엔드 양식 생성하기
- 구글 앱스 스크립트 코드 작성하기
- 스크립트를 어디에 붙여넣고 어떻게 연결해야 하는지 알려 주기
- 심지어 테스트하는 것을 도와주기

이렇게 전통적인 서버 코드를 한 줄도 작성하지 않고도 작동하는 백엔드 워크플로를 만들게 됩니다.

8.5 브라우저를 뛰어넘어

바이브 코딩은 웹사이트에만 국한되지 않습니다. LLM에 부탁해 다양한

도구를 만들 수 있습니다.

- 일렉트론(Electron) 또는 타우리(Tauri)를 사용하는 데스크톱 앱
- 리액트 네이티브(React Native) 또는 플러터(Flutter)를 사용하는 모바일 앱
- 브라우저 확장 프로그램
- 명령줄 도구
- 백엔드 서비스

> 일렉트론으로 간단한 데스크톱 메모 앱을 만들어 줘. 메모를 추가, 삭제하고 로컬에 저장할 수 있어야 해.

LLM이 — 설정 지침을 포함해 — 폴더 구조, 필수 패키지, 메인 스크립트, 렌더러 코드를 전부 생성해 줍니다. 프레임워크 전문가가 되지 않아도 됩니다. 자신의 아이디어를 설명하고 AI 모델의 안내를 따르면 됩니다.

8.6 복잡해질수록 조심하기

LLM은 놀랄 만큼 정교한 코드를 작성하기도 하지만 다음 사항을 유념해야 합니다.

- 비즈니스 로직을 잘못 해석할 수 있습니다.
- 비효율적이거나 확장성이 떨어지는 구현을 만들 수 있습니다.
- 프롬프트에서 명시적으로 지시하지 않으면 데이터 검증을 하지 않습니다.
- 사용자 데이터, 금전, 인증을 다룰 때는 전 과정을 직접 검토하거나 인간 개발자와 상의해야 합니다.

LLM을 빠른 프로토타이핑 엔진으로 생각하세요. LLM은 80% 지점까지는 빠르게 데려다주지만, 어떤 프로젝트는 여전히 다듬기, 검수, 제대로

된 보안 계층이 필요합니다.

8.7 사례 연구: 간단한 예약 앱

작은 워크숍을 운영하고 있으며 참가자가 온라인으로 예약하길 바란다고 해 봅시다.

> 단일 페이지 앱을 만들어 줘. 사용자가 드롭다운 목록에서 날짜와 시간을 선택하고, 이름과 이메일을 입력해 워크숍 시간대를 예약할 수 있어야 해. 제출하면 확인 메시지를 보여 주고 데이터를 구글 시트로 보내 줘.

그런 다음 이렇게 계속 개선할 수 있습니다.

> 시간대별 예약을 5명으로 제한해 줘.

> 누군가 예약할 때마다 나에게 이메일을 보내 줘.

> 내 브랜드 색상과 로고를 써서 양식을 브랜드 느낌으로 보이게 해 줘.

30분도 채 안 되어 작동하는 웹 앱을 만들었습니다. 코딩을 모르는데도 말입니다. 문제를 명확하게 정의했고 LLM이 실행을 처리하도록 요청했습니다. 이것이 바로 바이브 코딩의 정수입니다.

8.8 요약

앱, API, 자동화는 더 이상 개발자만의 전유물이 아닙니다. LLM과 명확한 의도만 있으면 다음을 할 수 있습니다.

- 사용자의 입력을 받아 처리하는 실제 도구를 만들기
- 외부 API와 연동해 실시간 데이터 사용하기

- 이메일, 저장소, 스프레드시트 같은 업무 자동화하기
- 정적 페이지를 넘어 상호작용하는 반응형 시스템으로 확장하기

9장에서는 시간이 지남에 따라 AI와의 협업이 무엇을 의미하는지, 그리고 LLM을 단순한 코드 기계가 아닌 사고하는 파트너로 대하는 방법을 탐구하겠습니다.

9장

도구를 넘어서

AI를 생각 파트너로 활용하기

바이브 코딩을 처음 시작할 때는 도구에 명령을 내리는, 즉 지시를 입력하고 결과를 기다리는 느낌일 수 있습니다. 하지만 대규모 언어 모델(LLM)을 가장 효과적으로 활용하는 방법은 동료로 여길 때입니다. 주니어 개발자나 크리에이티브 파트너를 대하듯 AI를 대하면 다음과 같은 일을 해낼 수 있습니다.

- 아이디어 브레인스토밍
- 미처 떠올리지 못한 해결책 제안
- 까다로운 개념 설명
- 코드 디버깅 또는 코드 개선

이처럼 관점을 전환하면 문제에 접근하는 방식도 바뀝니다. 코드를 요청하는 데서 그치지 않고 대화를 통해 목표를 다듬고 아이디어를 테스트하게 됩니다.

9.1 명확하고 반복적으로 소통하기

LLM은 명확한 요청과 충분한 맥락에 가장 잘 반응합니다. 시간이 지나면서 더 나은 결과물을 끌어내는 프롬프트 작성법을 배우게 되겠지만 최고의 프롬프트조차도 처음부터 모든 걸 완벽하게 해내는 경우는 드뭅니다. 다음처럼 반복하세요.

1. 명확하고 구체적인 프롬프트로 시작합니다.
2. 결과물을 꼼꼼하게 검토합니다.
3. 후속 질문을 하거나 개선을 요청합니다.
4. 실습 환경에서 코드를 테스트합니다.
5. 반복합니다.

예를 들어 함수를 생성한 후 이렇게 질문할 수 있습니다.

이 코드를 간단하게 만들어 줄 수 있어? 좀 더 이해하기 쉽게 만들어 줘.

또는

각 단계를 설명하는 주석을 추가해 줘.

이러한 주고받기를 통해 사용자의 이해도가 높아지고 더 신뢰할 수 있는 결과물을 얻게 됩니다.

9.2 AI의 강점과 한계 알기

AI 코딩 파트너는 매우 다재다능하지만 완벽하지는 않습니다. 다음 사항을 명심하세요.

- 메모리는 제한적이다: 대부분의 LLM은 한 번에 몇천 단어만 "기억"하므로 대화를 밀도 있고 간결하게 유지하세요.
- 창의성 vs 정확성: LLM은 때때로 그럴듯하지만 틀린 코드나 사실을 지어냅니다(일명 "환각"). 결과물을 항상 철저하게 테스트하세요.
- 맥락의 중요성: 예시, 기존의 코드 조각, 명확한 요구 사항을 제공하면 결과가 훨씬 좋아집니다.
- 깊은 이해는 없다: AI는 프로젝트의 목표나 제약 조건을 진짜로 이해하지 못합니다. 학습 데이터에 기반하여 가장 그럴듯한 응답을 예측할 뿐입니다.

AI를 빠르고 지식이 풍부하며 창의적인 파트너로 대하되 최종 판단과 분야에 대한 전문성은 당신의 몫임을 잊지 마세요.

9.3 AI와 함께 워크플로 구성하기

AI 동료를 최대한 활용하려면 일을 구조화하세요.

➢ 업무를 작게 나누기: 거대한 프롬프트 대신 프로젝트를 작은 단위로 나누세요.
➢ 프롬프트와 결과물 버전 관리: 프롬프트 변경 사항과 코드 버전을 기록해 무엇이 잘 먹히는지 학습하세요.
➢ AI 코드 + 직접 수정을 병행: 완벽한 코드를 기대하지 말고 AI의 결과물을 탄탄한 초안으로 활용하세요.
➢ 설명을 요청하기: 복잡한 코드는 쉬운 말로 설명해 달라고 AI에 요청해 이해를 높이세요.
➢ AI를 테스트에 활용하기: 테스트 케이스를 만들거나 디버깅 힌트를 받으세요.

9.4 프롬프트 실력 기르기

프롬프트는 연습과 피드백으로 향상되는 역량입니다. 다음 팁을 참고하세요.

- 명확한 지침을 사용하고 원하는 언어, 프레임워크, 스타일을 구체적으로 명시하세요.
- 비슷한 구조를 원한다면 예시나 템플릿을 제공하세요.
- 결과물의 길이나 복잡도를 제한하고 싶다면 제약 조건을 사용하세요.
- 단계별로 생각해 보라고 하거나 추론 과정을 설명해달라고 AI에 요청하세요.

예시

> API에서 사용자 데이터를 가져오는 리액트 컴포넌트를 작성해 줘. 코드 뒤에 단계별 설명도 덧붙여 줘.

쓰다 보면 프롬프트가 몸에 배어 더 빠르고 정확한 협업이 가능해집니다.

9.5 윤리적인 고려 사항과 실무적인 고려 사항

AI와 협업할 때는 다음을 유념하세요.

- **지식재산권 존중**: 특히 상업용 프로젝트에서는 생성된 코드를 책임감 있게 사용하세요.
- **개인정보보호 이해**: 민감한 데이터를 AI와 공유하지 마세요.
- **비판적 사고 유지**: 적절하게 지시하지 않으면 AI는 편향적이거나 보안에 취약한 코드를 생성할 수 있습니다.
- **끊임없는 학습**: AI 협업은 — 새로운 기능과 모범 사례를 꾸준히 업데이트하는 — 하나의 여정입니다.

9.6 AI 협업의 미래

연구[12]에 따르면 인간 - AI 팀은 곧 생산성과 창의력 면에서 인간으로만 구성된 팀을 앞지를 것입니다. 핵심은 파트너십, 즉 AI의 속도, 광범위한 지식을 인간의 직관, 판단력과 결합하는 방법을 배우는 것입니다. 여러분은 개발자를 대체하는 것이 아니라 여러분 자신의 역량을 강화하는 것입니다. 이러한 사고방식은 새로운 가능성을 열어 줍니다.

9.7 요약

이제 AI 코딩 파트너를 단순히 이용하는 것을 넘어 함께 협업하는 방법을 이해했습니다.

- AI를 도구가 아닌 협력자로 보기
- 명확하게 소통하고 자주 반복하기
- AI의 강점과 한계를 알아 두기
- 설명, 테스트, 개선을 포함하는 워크플로를 구성하기

12 *https://hai.stanford.edu/news/worse-ai-counterintuitively-enhances-human-decision-making-and-performance*

- 프롬프트 작성을 핵심 역량으로 키우기
- 윤리적, 실무적 측면의 고려 사항을 염두하기

이러한 협업은 바이브 코딩에서 당신의 새롭고 창조적인 초능력이 될 것입니다.

10장

바이브 코딩의 윤리와 미래

AI 보조 개발에서 책임과 기회 사이의 균형 탐색

10.1 바이브 코딩의 윤리적 지형

바이브 코딩의 잠재력은 놀랍지만 큰 힘에는 큰 책임이 따릅니다. 더 많은 사람이 코딩을 AI에 맡길수록 다음과 같은 윤리적 질문을 고려해야 합니다.

➢ AI가 생성한 코드의 소유권은 누구에게 있나요? 지식재산권은 여전히 모호한 영역입니다. 종종 AI로 코드를 생성한 사용자가 결과물의 소유자가 되지만, 이는 관할권 및 플랫폼 약관에 따라 다를 수 있습니다. 항상 라이선스와 사용 권한을 확인하세요.

➢ AI가 생성한 코드는 안전한가요? AI는 의도치 않게 보안 결함이나 취약점을 끼워 넣을 수 있습니다. AI가 생성한 코드를 출발점으로 취급하고 민감한 환경에 배포하기 전 철저하게 감사, 테스트, 검증해야 합니다.

➢ 편향과 포용성은 어떻게 되나요? 언어 모델은 학습 데이터에 내재된 편향을 반영합니다. 사용자 대상 앱을 만든다면 프롬프트에서 포용성을 고려하고 결과물이 공정한지 테스트하세요.

➢ 개인정보는 어떻게 지키나요? 민감한 정보나 개인정보는 프롬프트에 입력하지 마세요. 수많은 AI 서비스가 데이터를 클라우드 서비스에서 처리하므로 개인정보 침해 문제가 발생할 수 있습니다.

10.2 환경에 미치는 영향

AI 모델은 학습과 추론 과정에서 높은 연산 성능을 요구합니다.[13] 바이브 코딩이 대중화되면서 환경에 미치는 영향을 인식하는 것이 중요해졌습니다. 다음을 고려하세요.

➢ AI가 필요할 때 효율적으로 사용하기

13 *https://www.unep.org/news-and-stories/story/ai-has-environmental-problem-heres-what-world-can-do-about*

- 지속 가능 에너지에 투자하는 공급 업체 선정하기
- 재생 에너지가 풍부한 시간대에 고부하 작업 처리하기

이러한 인식은 책임 있는 혁신과 맞닿아 있습니다.

10.3 바이브 코딩의 미래

AI 개발 속도는 더 빨라지고 있습니다. 전문가들은 다음과 같이 예측합니다.

- IDE와 디자인 도구에 AI 코딩 어시스턴트의 밀접한 통합
- 음성, 이미지, 제스처와 자연어 프롬프트를 함께 활용하는 멀티모달 코딩
- 비개발자를 위한 접근성 확대, 소프트웨어 제작 저변 확대
- 특정 도메인에 특화된 코딩을 위한 AI 모델의 등장(예: 의료 소프트웨어, 로봇 공학)
- 인간과 AI가 실시간으로 공동 창작하는 협업 생태계

이러한 미래는 소프트웨어 개발과 창작의 민주화를 앞당길 것입니다.

10.4 여정을 위한 준비

성장하고 싶다면 다음을 실천하세요.

- 호기심과 개방성을 유지하기
- AI의 발전과 새로운 바이브 코딩 도구를 꾸준히 학습하기
- AI의 산출물을 가늠할 비판적 사고력 기르기
- AI 보조 코딩을 탐구하는 다른 사람과 인적 네트워크를 쌓기
- 윤리 기준과 투명성을 지지하기

당신의 역할은 코더가 아니라 책임 있는 혁신가입니다.

10.5 맺음말

바이브 코딩은 사람이 기술을 개발하는 방식을 바꾸는 패러다임 전환입니다. 개발에 대한 장벽을 낮추고, 창의성을 끌어내며, 참여의 폭을 넓힙니다.

그만큼 성찰, 존중, 배려가 필요합니다. 기회는 붙잡고 과제는 스스로 감당하세요. 미래는 프롬프트 하나하나를 통해 당신이 직접 만들어 가는 것입니다.

11장

바이브 코딩 튜토리얼

이 튜토리얼들은 다양한 바이브 코딩 기술을 함께 적용해 실력을 다지고, 직접 따라하고 만들어 볼 수 있는 실전 예제를 제공하도록 고안했습니다. 자연어 프롬프트만으로 상호작용과 스타일, 기능을 갖춘 애플리케이션을 만들게 되며 코드를 직접 작성하는 지식은 필요하지 않습니다.

각 튜토리얼에 제시된 프롬프트는 출발점으로 쓰라고 마련한 것입니다. 기능을 바꾸거나 새로운 기능을 시도하고 싶다면 마음껏 해 보세요. 바로 이것이 바이브 코딩의 묘미입니다. 여기엔 정답이 없습니다!

예시 응답은 AI가 내놓을 법한 코드의 일부일 뿐입니다. 초보자에겐 부담스러울 수 있어 실제 생성된 전체 코드는 싣지 않았습니다. 같은 기능도 구현하는 방식이 여럿이니 결과에 과몰입하지 마세요. 최적의 해법 선택을 AI 도구에 맡기는 셈입니다. 더 구체적인 결과를 원한다면 프롬프트를 보다 구체적으로 작성하세요. 코드를 더 이해하고 싶다면 LLM에 "초보자를 위해 코드에 주석을 달아 줘."라고 요청하세요. 그러면 코드가 무엇을 하는지 일상 언어로 풀어 쓴 설명을 덧붙여 줄 것입니다.

이제 튜토리얼에서 무엇을 기대하면 되는지 알았으니 멋진 앱을 만들어 봅시다.

Tutorial 1
간단한 모바일용 할 일 목록(To-do List) 앱 만들기

목표

사용자가 다음을 할 수 있는, 간단하고 모바일에서 사용하기 좋은 할 일 목록 앱을 만드세요.

- ➢ 할 일 추가하기
- ➢ 할 일을 완료로 표시하기
- ➢ 할 일 삭제하기

도구

- HTML/CSS/자바스크립트
- 기본 코드 에디터(예: 코드펜, 레플릿)

익힐 기술

- DOM 조작
- 이벤트 처리
- 반응형 디자인

1단계: 기본 HTML 구조 설정하기

프롬프트

휴대폰에서 사용할 할 일 목록을 위한 간단한 웹 페이지를 만들어 줘. 목록을 위한 공간과 '추가' 버튼 및 '삭제' 버튼을 추가해 줘.

예시 응답 코드: 기본 HTML 웹 페이지 구조

```
<body>
  <div id="todo-container">
    <input type="text" id="new-task" placeholder="Add a new task">
    <button id="add-task">작업 추가</button>
    <ul id="task-list"></ul>
  </div>
</body>
```

이제 할 일 목록 앱의 기본 구조가 만들어졌습니다.

추가로 시도해 볼 수 있는 아이디어

- 페이지에 헤더와 푸터(footer)를 추가하세요.

2단계: 작업 관리를 위한 자바스크립트 추가하기

프롬프트

'추가' 버튼을 탭하면 입력한 작업이 목록에 나타나도록 코드를 추가해 줘.

예시 응답 코드: 동적 입력을 처리하는 자바스크립트 코드

```
document.getElementById('add-task').addEventListener('click',
function() {
  const taskInput = document.getElementById('new-task');
  const taskText = taskInput.value.trim();
  if (taskText !== '') {
    const taskList = document.getElementById('task-list');
    const newTask = document.createElement('li');
    newTask.textContent = taskText;
    taskList.appendChild(newTask);
    taskInput.value = '';
  }
});
```

이제 목록을 동적으로 생성할 수 있습니다.

추가로 시도해 볼 수 있는 아이디어

➢ 빈 작업을 추가하는 것을 방지하는 기능을 추가하세요.

3단계: 작업 완료와 삭제 구현하기

프롬프트

코드를 수정해서 작업을 탭하면 완료된 것으로 표시되게 해 줘.

예시 응답 코드: 클릭 이벤트를 처리하는 자바스크립트 코드

```
document.getElementById('task-list').addEventListener('click',
function(e) {
```

```
  if (e.target.tagName === 'LI') {
    e.target.classList.toggle('completed');
  }
});
```

이제 작업을 완료로 표시할 수 있습니다

추가로 시도해 볼 수 있는 아이디어

➢ 각 작업 옆에 '삭제' 버튼을 추가하세요.

4단계: 할 일 목록 스타일링하기

프롬프트

할 일 목록이 휴대폰 화면에 깔끔하게 보이도록 — 간격이 적당하고, 텍스트가 읽기 쉽고, 완료된 작업은 흐리게 — 만들어 줘.

예시 응답 코드: CSS 코드

```
#todo-container {
  max-width: 400px;
  margin: 0 auto;
  padding: 20px;
  background-color: #f9f9f9;
  border-radius: 8px;
}
#task-list li.completed {
  text-decoration: line-through;
  color: gray;
}
```

이제 할 일 목록에 스타일링이 추가되었습니다.

추가로 시도해 볼 수 있는 아이디어

➢ 작업에 호버 효과를 추가하세요.

완성한 작업

이제 사용자가 작업을 효율적으로 관리할 수 있는, 간단하고 모바일 환경에 적합한 할 일 목록 앱이 생겼습니다.

기능 요약

- 할 일 추가하기
- 할 일을 완료로 표시하기
- 할 일 삭제하기
- 반응형 디자인

보너스 과제

- 할 일 편집 기능을 추가하세요.
- 새로고침해도 할 일이 사라지지 않도록 `localStorage`에 저장하세요.
- 할 일에 우선순위 레벨을 추가하세요.

Tutorial 2

Chart.js로 인터랙티브 차트 대시보드 만들기

목표

사용자가 인터랙티브 차트로 데이터를 시각화할 수 있는 반응형 대시보드를 만드세요.

- 막대 차트와 꺾은선 차트를 나란히 표시하기
- 개별 데이터세트를 켜고 끄기
- 실시간으로 차트에 새 데이터 스트리밍하기

도구

➢ HTML/CSS/자바스크립트

➢ Chart.js(CDN)

익힐 기술

➢ Chart.js 구성

➢ DOM 조작

➢ 이벤트 처리

➢ 데이터 실시간 업데이트

1단계: HTML 기본 구조 설정하기

프롬프트

빈 차트 두 개가 나란히 있는 기본 웹 페이지를 만들어 줘. Chart.js도 로드해 줘.

예시 응답 코드: 간단한 페이지 구조

```
<body>
  <h1>Sales Dashboard</h1>
  <canvas id="barChart"></canvas>
  <canvas id="lineChart"></canvas>
</body>
```

이제 차트를 위한 빈 캔버스 두 개가 준비되었습니다.

추가로 시도해 볼 아이디어

➢ 캔버스를 플렉스박스 컨테이너로 감싸서 레이아웃을 더 쉽게 만드세요.

2단계: 차트 초기화하기

프롬프트

월별 판매를 막대로, 누적 합계를 선으로 보여 주는 코드를 추가해 줘.

예시 응답 코드: 초기화 스크립트

```
const barCtx = document.getElementById('barChart').
getContext('2d');
const barChart = new Chart(barCtx, {
  type: 'bar',
  data: {
    labels: ['Jan', 'Feb', 'Mar', 'Apr', 'May'],
    datasets: [{
      label: 'Sales ($)',
      data: [12, 19, 3, 5, 2],
      backgroundColor: '#3e95cd'
    }]
  }
});
```

이제 대시보드에 정적인 판매 데이터가 나타납니다.

추가로 시도해 볼 수 있는 아이디어

➢ 브랜드 팔레트에 맞게 색상을 바꾸세요.

3단계: 데이터세트 토글 버튼 추가하기

프롬프트

클릭하면 막대를 숨기거나 보여 주는 버튼을 만들어 줘.

예시 응답 코드: 간단한 토글 핸들러

```
createElement('button');
toggleBtn.textContent = '판매 토글';
document.body.insertBefore(toggleBtn, document.
getElementById('barChart'));
toggleBtn.addEventListener('click', () => {
  const meta = barChart.getDatasetMeta(0);
  meta.hidden = meta.hidden === null ? !barChart.data.datasets[0].
hidden : null;
  barChart.update();
});
```

이제 버튼을 클릭하면 판매 막대가 숨겨지거나 나타납니다.

추가로 시도해 볼 수 있는 아이디어

➤ 단일 버튼을 각 데이터세트에 대한 체크박스로 바꾸세요.

4단계: 실시간 데이터 스트리밍하기

프롬프트

몇 초마다 랜덤하게 판매 수치를 추가하고 두 차트 모두 최신 상태로 유지해 줘.

예시 응답 코드: 타이머 기반 업데이트 루프

```
setInterval(() => {
newValue = Math.floor(Math.random() * 10) + 1;
push(`M${barChart.data.labels.length + 1}`);
  barChart.data.datasets[0].data.push(newValue);
  barChart.update();
lastCumulative = lineChart.data.datasets[0].data.slice(-1)[0] || 0;
  lineChart.data.labels.push(`M${lineChart.data.labels.length +
1}`);
  lineChart.data.datasets[0].data.push(lastCumulative + newValue);
  lineChart.update();
}, 5000);
```

이제 새 데이터가 자동으로 표시됩니다.

추가로 시도해 볼 수 있는 아이디어

➢ 실시간 업데이트를 일시 중지하거나 재시작하는 토글을 추가하세요.

5단계: 레이아웃을 반응형으로 만들기

프롬프트

CSS를 사용해서 노트북에서는 두 차트가 나란히 보이지만 휴대폰에서는 위아래로 쌓이도록 해 줘.

예시 응답 코드: 간단한 스타일시트

```
@media (min-width: 700px) {
  canvas {
    width: 45%;
    display: inline-block;
  }
}
```

이제 대시보드가 모든 장치에서 잘 보입니다.

추가로 시도해 볼 수 있는 아이디어

➢ 각 캔버스에 음영을 약하게 주고 여백을 추가하세요.

완성한 작업

이제 자동으로 업데이트되는 인터랙티브 차트가 포함된 실시간 반응형 대시보드가 생겼습니다.

기능 요약

➢ 한 페이지에 막대 및 꺾은선 차트

- 데이터세트를 토글하는 버튼
- 실시간 데이터 스트리밍
- 반응형 2열 레이아웃

보너스 과제

- 시장 점유율을 보여 주는 원형 차트를 추가하세요.
- 대시보드를 PNG 이미지로 내보내세요.
- 사용자가 CSV를 업로드하고 차트를 다시 그리도록 허용하세요.

Tutorial 3
AI에 기반한 컬러 팔레트 생성기 만들기

목표

단순한 키워드로 조화로운 색상 조합을 제안하는 도구를 만드세요.

- 테마 단어(예: 석양 등)를 입력해 다섯 가지 색상을 받기
- 한 번의 클릭으로 모든 헥스 코드(hex code)를 복사하기
- 같은 단어에 대한 새로운 팔레트를 얻기 위해 셔플(shuffle)하기
- 실시간 블록으로 색상을 미리 보기

도구

- HTML/CSS/자바스크립트
- 무료 LLM(예: 오픈AI 또는 허깅페이스(HuggingFace))

익힐 기술

- Fetch API[14] 요청

14 (옮긴이) 인터넷에서 필요한 정보를 가져오는 방법

- 색상 출력을 위한 프롬프트 엔지니어링
- DOM 조작
- 클립보드 API 사용법

1단계: 페이지 기본 구조 만들기

프롬프트

단어를 입력할 수 있는 상자, '생성' 버튼, 그리고 색상이 표시될 빈 영역이 있는 간단한 웹 페이지를 만들어 줘.

예시 응답 코드: 간단하게 만든 기본 구조

```
<body>
  <h1>Colour Palette Generator</h1>
  <input id="keyword" placeholder="Enter a theme word" />
  <button id="generate">생성</button>
  <div id="palette"></div>
  <script src="app.js"></script>
</body>
```

이제 페이지에서 자바스크립트를 실행할 수 있습니다.

추가로 시도해 볼 수 있는 아이디어

- '생성' 버튼 옆에 '셔플' 버튼을 추가하세요.

2단계: LLM에 팔레트 요청하기

프롬프트

내 단어를 AI에 보내고 다채로운 사각형 다섯 개를 보여 주는 코드를 추가해 줘.

예시 응답 코드: 데이터 가져오기(fetch) 루틴

```
async function getPalette(word) {
  const prompt = `Give me five harmonious hex colours for ${word}
in a JSON array`;
  const res = await fetch('https://api.example.com/llm', {
    method: 'POST',
    body: JSON.stringify({
      prompt}),
    headers: {
      'Content-Type': 'application/json'
    }
  });
  const colours = await res.json();
  display(colours);
}
document.getElementById('generate').addEventListener('click', () =>
{
  const word = document.getElementById('keyword')
value.trim();
  if (word) getPalette(word);
});
```

이제 사각형들이 반환된 색상으로 표시됩니다.

추가로 시도해 볼 수 있는 아이디어

➢ API 호출이 실패할 경우를 대비해 오류 처리를 추가하세요.

3단계: 클립보드로 복사 기능 활성화하기

프롬프트

> 색상이 있는는 사각형을 탭하면 헥스 코드가 클립보드로 복사되고 사각형 박스 형태로 짧게 '복사됨!'이라고 표시되도록 코드를 추가해 줘.

예시 응답 코드: 간단한 클릭 핸들러[15]

```
document.getElementById('palette').addEventListener('click', e => {
  if (e.target.classList.contains('swatch')) {
    navigator.clipboard.writeText(e.target.textContent);
    const original = e.target.textContent;
    e.target.textContent = '복사됨!';
    setTimeout(() => (e.target.textContent =original), 800);
  }
});
```

이제 사용자는 색상을 복사할 수 있습니다.

추가로 시도해 볼 수 있는 아이디어

➢ 복사할 때 은은한 효과음을 재생해 보세요.

4단계: 팔레트 스타일링하기

프롬프트

사각형이 깔끔하게 정렬되고 크기가 모두 같으며 어떤 화면에서도 잘 보이도록 스타일링해 줘.

예시 응답 코드: 간단한 스타일 시트

```
body {
  font-family: system-ui;
  text-align: center;
}
#palette {
  display: flex;
  justify-content: center;
  gap: 10px;
  flex-wrap: wrap;
  margin-top: 20px;
}
```

15 (옮긴이) 사용자가 요소를 클릭(click)했을 때 실행되도록 등록된 함수

```
.swatch {
  width: 100px;
  height: 100px;
  color: #fff;
  display: flex;
  align-items: center;
  justify-content: center;
  border-radius: 6px;
  cursor: pointer;
  user-select: none;
}
```

이제 팔레트는 어떤 화면에서도 세련되게 보입니다.

추가로 시도해 볼 수 있는 아이디어

➢ 즐겨찾는 팔레트를 `localStorage`에 저장하세요.

완성한 작업

이제 간단한 단어를 색상으로 변환하고 조합하여 사용할 수 있는 스마트 팔레트 도구를 만들었습니다.

기능 요약

➢ 키워드 입력

➢ LLM이 생성한 헥스 코드

➢ 클릭하여 복사 가능한 색상 팔레트

➢ 반응형 플렉스 레이아웃

보너스 과제

➢ 팔레트를 JSON[16]으로 다운로드할 수 있게 하기

➢ 각 색상 팔레트에 접근할 수 있는 텍스트 색상 생성하기

16 데이터를 주고받을 때 쓰는 텍스트 형태의 포맷으로 { "name":"Alice", "age":25 }처럼 표기하는 데이터 형식

➢ 보색 그라데이션 제공하기

Tutorial 4
인터랙티브 지도 만들기

목표

사용자가 다음을 할 수 있도록 인터랙티브 지도가 있는 웹 페이지를 만드세요.

➢ 클릭하여 핀 꽂기
➢ 각 핀에 짧은 메모를 추가하기
➢ 팝업으로 메모 보기
➢ 버튼 하나로 모든 핀 지우기

도구

➢ HTML/CSS/자바스크립트
➢ Leaflet.js(오픈 소스 지도 라이브러리)

익힐 기술

➢ 외부 라이브러리 사용
➢ 사용자 입력 관리
➢ 동적 DOM 요소
➢ UI 패턴에 기반한 간단한 지도

1단계: HTML 및 Leaflet 리소스 추가하기

프롬프트

전체 화면 지도와 '핀 지우기' 버튼이 있는 웹 페이지를 만들어 줘.

예시 응답 코드: 기본 페이지

```
<body>
  <button id="clear">핀 지우기</button>
  <div id="map"></div>
  <script src="https://unpkg.com/leaflet/dist/leaflet.js"></script>
  <script src="app.js"></script>
</body>
```

이제 지도 컨테이너가 페이지를 가득 채우게 됩니다.

추가로 시도해 볼 수 있는 아이디어

➢ CSS를 사용해 버튼을 왼쪽 위에 배치하세요.

2단계: 지도 초기화하기

프롬프트

지도가 런던을 중심으로 표시되도록 코드를 추가해 줘.

예시 응답 코드: 최소 구성의 지도 초기화 스크립트

```
const map = L.map('map').setView([51.5, -0.09], 5);
L.tileLayer('https://{s}.tile.openstreetmap.org/{z}/{x}/{y}.png', {
  attribution: 'ⓒ OpenStreetMap'
}).addTo(map);
```

이제 지도가 올바르게 렌더링됩니다.

추가로 시도해 볼 수 있는 아이디어

➢ 지도 스타일을 위성 이미지로 바꿔 보세요.

3단계: 메모와 함께 핀 놓기

프롬프트

지도를 탭하면 메모 입력란이 나타나고 입력한 메모와 함께 핀을 추가해 줘.

예시 응답 코드: 클릭 이벤트 핸들러

```
map.on('click', e => {
  const note = prompt('이 위치에 대한 메모를 입력하세요:');
  if (!note) return;
  L.marker(e.latlng).addTo(map).bindPopup(note).openPopup();
});
```

이제 사용자는 위치에 메모를 달 수 있습니다.

추가로 시도해 볼 수 있는 아이디어

- 메모가 여러 줄이면 프롬프트 대신 텍스트에어리어(textarea)를 사용하세요.

4단계: 마커를 배열에 저장하기

프롬프트

나중에 지울 수 있도록 각각의 새 핀을 리스트에 저장해 줘.

예시 응답 코드: 배열 기반 저장 패턴

```
const markers = [];
map.on('click', e => {
  const note = prompt('메모:');
  if (!note) return;
  const m = L.marker(e.latlng).addTo(map).bindPopup(note);
  markers.push(m);
});
```

이제 모든 마커를 관리합니다.

추가로 시도해 볼 수 있는 아이디어

➢ 배열을 `localStorage`에 영구 저장하세요.

5단계: 모든 핀 지우기

프롬프트

'핀 지우기' 버튼을 누르면 모든 핀이 지워지는 코드를 추가해 줘.

예시 응답 코드: 모든 마커를 제거할 수 있는 간단한 반복문

```
document.getElementById('clear').addEventListener('click', () => {
  markers.forEach(m => map.removeLayer m));
  markers.length = 0;
});
```

모든 핀이 즉시 사라집니다.

추가로 시도해 볼 수 있는 아이디어

➢ 삭제하기 전에 확인 창을 띄우세요.

완성한 작업

누구나 핀을 표시하고 레이블을 붙이고 지울 수 있는 작은 지도 앱을 만들었습니다.

기능 요약

➢ 전체 화면으로 볼 수 있는 리플릿(Leaflet) 지도

➢ 메모 팝업 창을 클릭해 핀 놓기

➢ '핀 삭제' 버튼

- 자바스크립트 파일 하나에 정리된 코드

보너스 과제

- 색상별로 카테고리 필터를 추가하세요.
- 핀을 JSON으로 가져오기/내보내기 하세요.
- 겹치는 마커들을 클러스터링하세요.

Tutorial 5
플래시카드 퀴즈 앱 만들기

목표

사용자가 암기하는 데 도움이 되는 모바일용 플래시카드 앱을 만드세요.

- 한 번에 하나의 질문을 표시하기
- 탭하면 뒤집어서 답을 보여 주기
- '암기함(known)'으로 표시하여 카드 목록에서 제거하기
- 진행 상황을 나타내는 카운터 표시하기

도구

- HTML/CSS/자바스크립트
- 카드 데이터용 로컬 JSON

익힐 기술

- 배열 조작
- 이벤트 처리
- 동적 DOM 업데이트
- 기본 상태 관리

1단계: HTML 기본 구조 만들기

프롬프트

플래시카드 상자 하나, '암기함(known)' 버튼, '건너뛰기' 버튼, 그리고 진행 상황 카운터를 표시하는 간단한 페이지를 만들어 줘.

예시 응답 코드: HTML 기본 구조

```
<body>
  <h1>퀴즈 시작</h1>
  <div id="card">로딩 중...</div>
  <button id="known">암기함</button>
  <button id="next">건너뛰기</button>
  <p>진행 상황: <span id="progress">0 / 0</span></p>
  <script src="app.js"></script>
</body>
```

페이지 요소가 제대로 갖춰졌습니다.

추가로 시도해 볼 수 있는 아이디어

➤ 접근성을 위해 aria-label을 추가하기

2단계: 플래시카드 데이터 로드하기

프롬프트

몇 개의 질문 - 답변 카드를 저장하고 점수를 보여 주는 코드를 추가해 줘.

예시 응답 코드: 짧은 데이터 배열과 보조 함수

```
const cards = [{
    q: '프랑스의 수도?',
    a: '파리'
  },
  {
```

```
    q: '2 + 2?',
    a: '4'
  },
  {
    q: '가장 큰 바다?',
    a: '태평양'
  }
}];
let index = 0;
updateProgress();
```

이제 카드를 표시할 준비가 되었습니다.

추가로 시도해 볼 수 있는 아이디어

이번에는 외부 JSON 파일에서 카드를 가져오세요.

3단계: 카드 보여 주기 및 뒤집기

프롬프트

카드에 질문을 표시해 줘. 카드를 탭하면 카드를 뒤집어서 답을 보여 줘.

예시 응답 코드: 이벤트 기반 뒤집기 핸들러

```
const card = document.getElementById('card');
card.addEventListener('click', () => {
  const current = cards[index];
  card.textContent = card.textContent === current.q ? current.a :
current.q;
});
function render() {
  card.textContent = cards[index].q;
}
render();
```

카드를 탭하면 정답을 보여 줍니다.

추가로 시도해 볼 수 있는 아이디어

➢ CSS transform을 이용해 뒤집기 애니메이션을 추가하세요.

4단계: 암기함 / 건너뛰기 버튼 만들기

프롬프트

'암기함' 버튼을 누르면 해당 카드를 목록에서 없애 줘. '건너뛰기' 버튼을 누르면 그냥 다음 카드로 넘어가게 해 줘.

예시 응답 코드: 버튼 기반 덱 관리 스크립트

```
function nextCard() {
  index = (index + 1) % cards.length;
  render();
  updateProgress();
}
document.getElementById('known').addEventListener('click', () => {
  cards.splice(index, 1);
  if (!cards.length) return finish();
  if (index === cards.length) index = 0;
  render();
  updateProgress();
});
document.getElementById('next').addEventListener('click',
nextCard);
```

이제 사용자는 암기한 카드를 추적할 수 있습니다.

추가로 시도해 볼 수 있는 아이디어

➢ 카드가 사라지기 전에 페이드 아웃 효과가 적용되도록 하세요.

5단계: 진행 상황 업데이트와 완료 상태

프롬프트

진행 상황 카운터를 업데이트하고 다 끝나면 '축하합니다' 메시지를 보여 줘.

예시 응답 코드: 진행 상황 업데이트와 완료-확인 함수

```
function updateProgress() {
  document.getElementById('progress').textContent =`${index + 1} /
${cards.length}`;
}
function finish() {
  card.textContent = '_ 모두 끝났습니다!';
  document.getElementById('known').disabled = true;
  document.getElementById('next').disabled = true;
  document.getElementById('progress').textContent ='완료';
}
```

이제 진행 상황이 제대로 업데이트되고 앱이 깔끔하게 종료됩니다.

추가로 시도해 볼 수 있는 아이디어

- localStorage에 진행 상황을 저장하세요.

완성한 작업

학습 완료된 내용과 추가 연습이 필요한 내용을 관리하는 휴대용 복습 앱을 개발했습니다.

기능 요약

- 탭하면 뒤집히는 플래시카드
- 건너뛰거나 암기함으로 표시하기
- 실시간 진행 상황 카운터
- 축하 메시지가 함께 뜨는 완료 화면

보너스 과제

- CSV 파일에서 덱을 가져오세요.
- 간격 반복 스케줄링을 추가하세요.
- 카드에 이미지를 포함하세요.

Tutorial 6
안전한 비밀번호 생성기 만들기

목표

강력하며 맞춤형 비밀번호를 만드는 웹 도구를 만드세요.

- 비밀번호 길이를 선택할 수 있습니다.
- 대문자, 소문자, 숫자, 기호 포함 여부를 선택할 수 있습니다.
- 한 번의 클릭으로 비밀번호를 복사할 수 있습니다.
- 보안 강도를 표시하세요.

도구

- HTML/CSS/자바스크립트

익힐 기술

- 랜덤 문자 사용
- 버튼과 슬라이더 이벤트 처리
- 텍스트를 클립보드로 복사하기
- 간단한 보안 강도 체크

1단계: 페이지 설정하기

프롬프트

길이 조절 슬라이더, 문자 유형 체크박스, '생성' 버튼, 비밀번호용 읽기 전용 박스, '복사' 버튼이 있는 페이지를 만들어 줘.

예시 응답 코드: 비밀번호 생성기의 기본 레이아웃

```
<body>
  <h1>비밀번호 생성기</h1>
  <label>길이: <input type="range" id="len" min="6" max="32"
value="12"></label>
  <span id="lenVal">12</span>
  <div>
    <label><input type="checkbox" id="upper" checked> Uppercase</
label>
    <label><input type="checkbox" id="lower" checked> Lowercase</
label>
    <label><input type="checkbox" id="num" checked> Numbers</label>
    <label><input type="checkbox" id="sym"> Symbols</label>
  </div>
  <button id="generate">생성</button>
  <input id="result" readonly>
  <button id="copy">복사</button>
  <div id="strength"></div>
  <script src="app.js"></script>
</body>
```

페이지 레이아웃이 만들어졌습니다.

추가로 시도해 볼 수 있는 아이디어

➢ CSS 그리드(grid)를 사용하여 폼 필드를 깔끔하게 정렬하세요.

2단계: 비밀번호 만들기

프롬프트

내가 선택한 옵션을 사용하여 비밀번호를 랜덤으로 생성하고 비밀번호를 박스에 표시하는 코드를 추가해 줘.

예시 응답 코드: 랜덤 비밀번호 생성 함수

```
const lenEl = document.getElementById('len');
const out = document.getElementById('result');
```

```
function buildPool() {
  let pool = '';
  if (upper.checked) pool += 'ABCDEFGHIJKLMNOPQRSTUVWXYZ';
  if (lower.checked) pool += 'abcdefghijklmnopqrstuvwxyz';
  if (num.checked) pool += '0123456789';
  if (sym.checked) pool += '!@#$%^&*()_+';
  return pool;
}
```

이제 선택한 옵션을 기반으로 비밀번호가 생성됩니다.

추가로 시도해 볼 수 있는 아이디어

➢ 선택된 각 문자 집합에서 최소 하나 이상의 문자를 포함하도록 하세요.

3단계: 클립보드로 복사하기

프롬프트

'복사' 버튼이 비밀번호를 클립보드에 복사하고 1초 동안 '복사됨!'으로 바뀌도록 코드를 추가해 줘.

예시 응답 코드: 클립보드 복사 루틴

```
copy.addEventListener('click', async e => {
  if (!out.value) return;
  await navigator.clipboard.writeText(out.value);
  const txt = e.target.textContent;
  e.target.textContent = '복사됨!';
  setTimeout(() => e.target.textContent = txt, 1000);
});
```

이제 비밀번호가 즉각적인 피드백과 함께 클립보드에 복사됩니다.

추가로 시도해 볼 수 있는 아이디어

➢ 비밀번호가 없다면 '복사' 버튼을 비활성화하세요.

4단계: 보안 강도 측정 추가하기

프롬프트

비밀번호의 길이와 문자 구성에 따라 '약함', '보통', '강함'을 비밀번호 아래에 표시해 줘.

예시 응답 코드: 간단한 보안 강도 측정 코드

```
function check(p) {
  const unique = new Set(p).size;
  const score = unique + p.length;
  if (score > 40) {
    strength.textContent = '강함';
    strength.style.color = 'green';
  } else if (score > 25) {
    strength.textContent = '보통';
    strength.style.color = 'orange';
  } else {
    strength.textContent = '약함';
    strength.style.color = 'red';
  }
}
```

이제 보안 강도 측정기가 비밀번호의 안전성을 표시합니다.

추가로 시도해 볼 수 있는 아이디어

➢ 단어를 색상이 있는 막대로 바꿔 보세요.

완성한 작업

누구나 몇 초 만에 강력한 비밀번호를 만들고 복사할 수 있는 비밀번호 생성기를 만들었습니다.

기능 요약

- 길이와 문자 집합 선택
- 한 번의 클릭으로 생성
- 클립보드에 버튼 복사하기
- 간단한 보안 강도 측정기

보너스 과제

- 최근 비밀번호 이력을 관리하세요.
- 읽을 수 있는 비밀번호 옵션을 추가하세요.
- 다크 모드 토글을 추가하세요.

Tutorial 7
간단한 AI 챗봇 인터페이스 만들기

목표

LLM과 소통할 수 있는 간결한 웹 채팅 인터페이스를 구현하세요.

- 스크롤이 되는 창에 메시지를 보내고 표시합니다.
- 응답을 기다리는 동안 스트리밍 또는 처리 중을 알려 주는 인디케이터(indicator)를 표시합니다.
- 세션의 채팅 기록을 저장합니다.
- 최신 답장으로 자동 스크롤합니다.

도구

- HTML/CSS/자바스크립트
- Fetch API를 사용하여 LLM에 연결(예: 오픈AI)

익힐 기술

- ➢ 비동기 페치(fetch) 및 스트리밍
- ➢ HTML 동적 구성을 위한 템플릿 리터럴
- ➢ 기본 UX 피드백
- ➢ 스크롤 관리

1단계: 채팅 레이아웃 만들기

프롬프트

채팅 영역, 메시지 상자, '전송' 버튼이 있는 웹 페이지를 만들어 줘.

예시 응답 코드: 간단한 채팅 페이지 레이아웃

```
<body>
  <div id="chat"></div>
  <form id="prompt">
    <input id="msg" placeholder="무엇이든 물어보세요..."
autocomplete="off" />
    <button>전송</button>
  </form>
  <script src="app.js"></script>
</body>
```

이제 페이지에 비어 있는 채팅 창과 입력 필드가 표시됩니다.

추가로 시도해 볼 수 있는 아이디어

- ➢ 각 메시지 옆에 아바타를 추가하세요.

2단계: 사용자 메시지 추가하기

프롬프트

'전송' 버튼을 클릭하면 내 메시지가 채팅에 표시되고 입력란이 비워지도록 코드를 추가해 줘.

예시 응답 코드: 메시지를 추가하는 함수

```
const chat = document.getElementById('chat');
const form = document.getElementById('prompt');
form.addEventListener('submit', e => {
  e.preventDefault();
  const text = msg.value.trim();
  if (!text) return;
  addMsg(text, 'you');
  msg.value = '';
  askLLM(text);
});
function addMsg(text, cls) {
  chat.insertAdjacentHTML('beforeend', `<p class="${cls}">${text}</
p>`);
  chat.scrollTop = chat.scrollHeight;
}
```

이제 사용자 메시지가 바로 나타납니다.

추가로 시도해 볼 수 있는 아이디어

➤ Shift + Enter 키를 누르면 전송하지 않고 한 줄이 추가되도록 하세요.

3단계: LLM에 묻기

프롬프트

내 메시지를 AI에 보내고 답장이 올 때까지 세 개의 점을 보여 줘. 그런 다음 점을 답장으로 바꿔 줘.

예시 응답 코드: 비동기 요청 함수

```
async function askLLM(text) {
  const placeholder = document.createElement('p');
  placeholder.textContent = '...';
  placeholder.className = 'bot';
  chat.appendChild(placeholder);
  chat.scrollTop = chat.scrollHeight;
  const res = await fetch('https://api.example.com/chat', {
    method: 'POST',
    headers: {
      'Content-Type': 'application/json'
    },
    body: JSON.stringify({
      prompt: text    })
  });
  const {
    reply
  } = await res.json();
  placeholder.textContent = reply;
  chat.scrollTop = chat.scrollHeight;
}
```

이제 챗봇이 각 프롬프트에 응답합니다.

추가로 시도해 볼 수 있는 아이디어

➢ 실시간 타이핑 효과를 위해 토큰을 스트리밍하세요.

4단계: 채팅 기록 유지하기

프롬프트

모든 메시지와 답장을 저장해서 필요할 때 대화를 재사용할 수 있게 해 줘.

예시 응답 코드: 채팅 이력 관리 코드

```
const history = [];
function addMsg(t, c) {
  chat.insertAdjacentHTML('beforeend', `<p class="${c}">${t}</p>`);
  history.push({
    role: c === 'you' ? 'user' : 'assistant', content:
  });
  chat.scrollTop = chat.scrollHeight;
}
```

이제 채팅 이력이 메모리에서 관리됩니다.

추가로 시도해 볼 수 있는 아이디어

➢ 페이지를 새로고침해도 기억할 수 있도록 이력을 `localStorage`에 영구 저장하세요.

완성한 작업

100줄 미만의 코드로 컴팩트한 LLM 채팅을 만들었습니다.

기능 요약

➢ 스크롤 가능한 대화창

➢ 실시간 스트리밍 진행을 표시하는 인디케이터

➢ 채팅 기록 유지(세션)

➢ 새 메시지 자동 스크롤

보너스 과제

➢ 사용자가 시스템 프롬프트를 선택하게 하세요.

➢ AI 챗봇 답변에 마크다운 서식을 추가하세요.

➢ Web Speech API를 사용하여 음성 입력을 추가하세요.

Tutorial 8
실시간 세계 날씨 웹 페이지 만들기

목표

전 세계 모든 도시의 현재 날씨를 보여 주는 페이지를 만드세요.

- 도시 이름으로 검색하거나 브라우저의 위치 정보를 사용합니다.
- 온도, 아이콘, 조건을 표시합니다.
- 10분마다 데이터를 자동으로 업데이트합니다.
- 섭씨와 화씨 사이를 전환합니다.

도구

- HTML/CSS/자바스크립트
- OpenWeatherMap API (무료 버전)

익힐 기술

- REST API로 데이터 가져오기(fetch)
- 디바운스[17] 처리된 검색 입력
- 위치 정보 사용
- 시간 기반 업데이트

1단계: 페이지 레이아웃 만들기

> 도시 이름, 검색 상자, '내 위치 사용' 버튼, °F/°C 전환 스위치, 날씨 정보가 표시될 빈 영역이 있는 페이지를 만들어 줘.

17 (옮긴이) 디바운스(debounce)는 일정 시간 동안의 중복 호출을 방지하는 기능입니다.

예시 응답 코드: 날씨 정보를 위한 기본 인터페이스

```
<body>
  <h1>현재 날씨</h1>
  <input id="city" placeholder="도시 입력..." />
  <button id="geo">내 위치 사용</button>
  <button id="toggle">°F</button>
  <div id="weather"></div>
  <script src="app.js"></script>
</body>
```

이제 기본 인터페이스가 렌더링됩니다.

추가로 시도해 볼 수 있는 아이디어

➢ 배경에 그라데이션을 약간 추가하세요.

2단계: 도시별 날씨 데이터 가져오기

프롬프트

내가 입력한 도시의 날씨를 찾아서 이름, 온도, 설명, 아이콘을 보여 주는 코드를 추가해 줘.

예시 응답 코드: 도시로 날씨 정보를 가져오는(fetch) 함수

```
const key = 'YOUR API KEY'; // openWeatherMap에 가입해서 받은
async function getWeather(q) { // 무료 API 키를 입력하세요.
  const res = await fetch(`https://api.openweathermap.org/data/2.5/
weather?q=${q}&units=metric&appid=${key}`);
  if (!res.ok) return showError('도시를 찾을 수 없습니다');
  const data = await res.json();
  render(data);
}
function render({
  name,
  main,
  weather
}) {
```

```
  const w = document.getElementById('weather');
  w.innerHTML = `<h2>${name}</h2><img src="https://openweathermap.
org/img/wn/${weather[0].icon}@2x.png"><p>${main.temp.toFixed(1)}°C
- ${weather[0].description}</p>`;
}
```

도시를 검색하면 날씨가 표시됩니다.

추가로 시도해 볼 수 있는 아이디어

- 사용자가 타이핑을 멈춘 후 API가 작동하도록 키 입력에 디바운스 기능을 추가하세요.

3단계: 위치 정보 지원 추가하기

프롬프트

내 위치 사용을 클릭하면 GPS를 사용해서 지역 날씨를 보여 줘.

예시 응답 코드: 위치 정보 활성화 요청

```
document.getElementById('geo').addEventListener('click', function()
{
  navigator.geolocation.getCurrentPosition(function(pos) {
    var latitude = pos.coords.latitude;
    var longitude = pos.coords.longitude;
    var url = 'https://api.openweathermap.org/data/2.5/
weather?lat=' +
        latitude + '&lon=' + longitude + '&units=metric&appid=' +
key;
    fetch(url)
      .then(function(res) { return res.json(); })
      .then(function(data) { render(data); });
  }, function() {
    alert('권한이 거부되었습니다');
  });
});
```

사용자는 이제 자신이 있는 지역의 날씨를 바로 알 수 있습니다.

추가로 시도해 볼 수 있는 아이디어

➢ 마지막 위치를 세션 스토리지에 캐시하세요.

4단계: 10분마다 자동으로 새로고침하기

프롬프트

10분마다 자동으로 날씨를 새로고침해 줘.

예시 응답 코드: 타이머 기반 새로고침 코드

```
let lastQuery = null;
function startTimer(fn) {
  clearInterval(window.timer);
  window.timer = setInterval(fn, 600000);
}
function render(data) {
  lastQuery = data.coord ? data.coord : data.name;
  const fetchAgain = () => Array.isArray(lastQuery) ? getByCoords()
: getWeather(lastQuery);
  startTimer(fetchAgain);
}
```

이제 데이터가 자동으로 새로고침됩니다.

추가로 시도해 볼 수 있는 아이디어

➢ 새로고침 시 잠시 깜빡거리는 애니메이션 효과를 보여 주세요.

5단계: 온도 단위 변경 버튼

프롬프트

섭씨와 화씨 사이를 전환하고 숫자를 즉시 업데이트하는 버튼을 추가해 줘.

예시 응답 코드: 온도 단위 전환 핸들러

```
let unit = 'metric';
const toggle = document.getElementById('toggle');
toggle.addEventListener('click', () => {
  unit = unit === 'metric' ? 'imperial' : 'metric';
  toggle.textContent = unit === 'metric' ? '°F' :
'°C';
  if (lastQuery) (Array.isArray(lastQuery) ?
getByCoords : getWeather)(lastQuery);
});
```

이제 사용자는 단위를 바로 바꿀 수 있습니다.

추가로 시도해 볼 수 있는 아이디어

➢ localStorage에 환경 설정을 해 보세요.

완성된 작업

여러분은 도시 이름이나 현재 위치를 기반으로 작동하며 최신 상태를 유지하기 위해 자체적으로 새로고침하는 실시간 날씨 페이지를 만들었습니다.

기능 요약

➢ 도시 검색 + 위치 정보

➢ 실시간 날씨 아이콘 및 온도

➢ 10분마다 자동 새로고침

➢ 온도 표시 단위(°C/°F) 변경

보너스 과제

➢ 5일 치 일기 예보 카드를 추가하세요.

➢ SVG로 날씨 아이콘에 애니메이션을 적용하세요.

➢ 일몰 시각에 따라 작동하는 다크 모드를 제공하세요.

Tutorial 9
Chart.js로 인터랙티브 데이터 대시보드 만들기

목표

여러 가지 차트로 데이터세트를 시각화하는 다양한 대시보드를 만드세요.

- 월별 판매량의 원격 JSON 파일을 가져옵니다.
- 막대, 꺾은선, 도넛 차트를 하나의 화면에 표시합니다.
- 드롭다운을 사용하여 제품 카테고리별로 데이터를 필터링합니다.
- 대시보드를 이미지로 내보냅니다.

도구

- HTML/CSS/자바스크립트
- Chart.js(CDN)

익힐 기술

- 페치를 이용한 비동기 처리(async/await)
- Chart.js 다중 차트 구성
- 동적 데이터세트 필터
- 캔버스 내보내기 API

1단계: 대시보드 레이아웃 만들기

프롬프트

빈 차트 세 개(막대, 꺾은선, 도넛)와 제품 카테고리를 선택하는 드롭다운이 있는 페이지를 만들어 줘.

예시 응답 코드: 대시보드 그리드 템플릿

```
<body>
  <h1>기업 실적 대시보드</h1>
  <label>필터: <select id="filter"></select></label>
  <div id="grid">
    <canvas id="bar"></canvas>
    <canvas id="line"></canvas>
    <canvas id="pie"></canvas>
  </div>
  <button id="save">PNG 내보내기</button>
  <script src="app.js"></script>
</body>
```

그리드에 빈 캔버스 세 개를 정렬합니다.

추가로 시도해 볼 수 있는 아이디어

➤ 그리드 뒤에 어두운 배경을 추가하세요.

2단계: 데이터를 가져오고 준비하기

프롬프트

판매량 데이터를 가져와서 차트에 사용할 수 있도록 준비해 줘.

예시 응답 코드: 비동기 데이터 로더

```
let rawData = [];
async function loadData() {
  const res = await fetch('sales.json');
  rawData = await res.json();
  buildFilter();
  drawCharts();
}
loadData();
```

데이터가 메모리에 저장되었습니다.

추가로 시도해 볼 수 있는 아이디어

➢ 데이터 가져오기가 끝날 때까지 로딩 표시기를 보여 주세요.

3단계: 카테고리 필터 채우기

프롬프트

> 제품 이름을 드롭다운 목록에 넣고 하나를 선택하면 차트를 다시 그려 줘.

예시 응답 코드: 드롭다운 빌더

```
function buildFilter() {
  const keys = Object.keys(rawData[0]).filter(k => k !== 'month');
  const select = document.getElementById('filter');
  keys.forEach(k => select.insertAdjacentHTML('beforeend',
`<option>${k}</option>));
  select.addEventListener('change', drawCharts);
}
```

이제 사용자는 제품군을 선택할 수 있습니다.

추가로 시도해 볼 수 있는 아이디어

➢ 모든 카테고리를 보여 주는 '모두 보기' 옵션을 추가하세요.

4단계: 차트 그리기

프롬프트

> 월별 판매를 표시할 막대 차트, 누적 합계를 표시할 꺾은선 차트, 카테고리 점유율을 표시할 도넛 차트를 그려 줘.

예시 응답 코드: 차트 그리기 루틴

```
let bar, line, pie;
function drawCharts() {
  const cat = document.getElementById('filter').value || Object.
keys(rawData[0])[1];
  const labels = rawData.map(r => r.month);
  const data = rawData.map(r => r[cat]);
  const cum = data.reduce((a, v, i) => {
    a.push((a[i - 1] || 0) + v);
    return a;
  }, []);
  [bar, line, pie].forEach(c => c && c.destroy());
  bar = new Chart(barCtx, {
    type: 'bar',
    data: {
      labels,
      datasets: [{
        label: cat,
        data,
        backgroundColor: '#2196f3'
      }]
    }
  });
}
```

필터가 바뀌면 차트가 나타나고 업데이트됩니다.

추가로 시도해 볼 수 있는 아이디어

➤ 쉼표(천 단위마다 구분)와 달러 표시($)가 포함된 말풍선(tooltip)[18]을 추가하세요.

5단계: 반응형 동작 추가하기

프롬프트

모바일 화면에서 그리드를 하나의 열로 변경하도록 해 줘.

18 (옮긴이) 요소에 마우스를 올리면 나타나는 간단한 설명 창

예시 응답 코드: 반응형 그리드 미디어 쿼리

```
@media (max-width:700px) {
  #grid {
    grid-template-columns: 1fr;
  }
}
```

이제 대시보드가 모바일에서 작동합니다.

추가로 시도해 볼 수 있는 아이디어

➢ 화면이 작아지면 필터 레이블을 숨기세요.

6단계: 자동-새로고침 구현하기

프롬프트

매시간 새로운 데이터가 있는지 확인하고 변경 사항이 있으면 차트를 새로고침해 줘.

예시 응답 코드: 시간별 새로고침 간격

```
setInterval(async () => {
  const res = await fetch('sales.json?  + Date.now());
  const fresh = await res.json();
  if (JSON.stringify(fresh) !== JSON.stringify(rawData)) {
    rawData = fresh;
    drawCharts();
  }
}, 3600000);
```

이제 대시보드가 최신 상태를 유지합니다.

추가로 시도해 볼 수 있는 아이디어

➤ 데이터 새로고침 시 토스트(toast) 팝업[19]을 출력해 보세요.

7단계: 대시보드 내보내기

프롬프트

차트를 가져와서 PNG 이미지로 차트를 다운로드할 수 있는 '저장' 버튼을 추가해 줘.

예시 응답 코드: 캔버스 내보내기 핸들러

```
document.getElementById('save').addEventListener('click', () => {
  const canvases = [barCtx.canvas, lineCtx.canvas, pieCtx.canvas];
  const exportC = document.createElement('canvas');
  exportC.width = 900;
  exportC.height = 600;
  const ctx = exportC.getContext('2d');
  canvases.forEach((c, i) => ctx.drawImage(c, (i % 2) * 450, Math.
floor(i / 2) * 300, 450, 300));
  const link = document.createElement('a');
  link.download = 'dashboard.png';
  link.href = exportC.toDataURL();

  link.click();
});
```

이제 사용자는 대시보드 이미지를 저장할 수 있습니다.

추가로 시도해 볼 수 있는 아이디어

➤ jsPDF를 사용하여 PDF로 내보내세요.

19 (옮긴이) 화면 맨 위나 아래 혹은 모서리에 잠깐 나타났다 사라지는 가벼운 알림 UI

완성한 작업

필터링, 실시간 업데이트, 내보내기 기능까지 갖춘 완벽한 기업 실적 대시보드를 만들었습니다.

기능 요약

➢ 다중 차트 레이아웃(막대, 꺾은선, 도넛)
➢ 카테고리 필터 드롭다운
➢ 시간별 자동 새로고침
➢ 반응형 그리드 + PNG 내보내기

보너스 과제

➢ 페이지 분할 기능이 있는 데이터 테이블을 추가하세요.
➢ 다중 선택 필터링 기능을 구현하세요.
➢ 웹소켓(WebSocket) 기반의 실시간 업데이트를 적용하세요.

Tutorial 10
개인 금융 관리 앱 만들기

목표

사용자가 수입과 지출을 관리할 수 있는 간단한 웹 앱을 만드세요.

➢ 새 거래 내역을 금액, 카테고리, 날짜와 함께 추가합니다.
➢ 카테고리별 잔고 추이, 총액 출력을 표시하세요.
➢ 모든 거래를 수정, 삭제할 수 있는 기능을 구현하세요.
➢ `localStorage`에 데이터를 저장하세요.

도구

➢ HTML/CSS/자바스크립트

익힐 기술

- ➢ 폼 처리와 유효성 검사
- ➢ 배열 메서드 활용(filter, reduce)
- ➢ 로컬 스토리지 생성·읽기·수정·삭제
- ➢ 동적 테이블 생성과 화면 출력

1단계: 인터페이스 디자인하기

프롬프트

금액, 카테고리, 날짜를 위한 폼, '추가' 버튼, 목록이 나열된 테이블, 잔액 표시가 있는 페이지를 만들어 줘.

예시 응답 코드: 간단한 재무 폼과 테이블 레이아웃

```
<body>
  <h1>금융 관리</h1>
  <h2 id="balance">0.00</h2>
  <form id="txn">
    <input type="number" id="amount" placeholder="금액" step="0.01"
required>
    <input type="text" id="category" placeholder="카테고리" required>
    <input type="date" id="date" required>
    <button>추가</button>
  </form>
  <table id="log">
    <thead>
      <tr>
        <th>날짜</th>
        <th>카테고리</th>
        <th>금액</th>
        <th></th>
      </tr>
    </thead>
    <tbody></tbody>
  </table>
  <script src="app.js"></script>
</body>
```

로직을 실행할 기본 구조가 준비되었습니다.

추가로 시도해 볼 수 있는 아이디어

➢ CSS 그리드를 사용하여 폼 필드를 한 줄로 정렬하세요.

2단계: 거래 내역을 로컬에 저장하기

프롬프트

브라우저에 저장된 거래 내역을 조회하고 배열에 저장해 줘.

예시 응답 코드: 로컬 스토리지 지원 함수

```
let txns = JSON.parse(localStorage.getItem('txns') || '[]');
function save() {
  localStorage.setItem('txns', JSON.stringify(txns));
}
```

이제 데이터를 새로고침해도 유지됩니다.

추가로 시도해 볼 수 있는 아이디어

➢ 저장하기 전에 데이터를 암호화하세요(CryptoJS).

3단계: 새 거래 추가하기

프롬프트

새 거래 내역을 추가하면 저장하고 테이블을 새르고침하고 잔액을 업데이트해 줘.

예시 응답 코드: 거래 내역 추가를 처리하는 submit 이벤트 핸들러

```
const form = document.getElementById('txn');
form.addEventListener('submit', e => {
```

```
  e.preventDefault();
  const txn = {
    id: Date.now(),
    amount: +amount.value,
    category: category.value.trim(),
    date: date.value };
  txns.push(txn);
  save();
  render();
  form.reset();
});
```

이제 입출금 내역을 기록할 수 있습니다.

추가로 시도해 볼 수 있는 아이디어

➢ 금액이 마이너스면 자동으로 지출로 처리하세요.

4단계: 표와 잔고 화면 렌더링[20]

프롬프트

테이블과 잔액을 보여 주고 각 거래를 행으로 추가해 줘.

예시 응답 코드: 렌더링 함수

```
function render() {
  const tbody = document.querySelector('#log tbody');
  tbody.innerHTML = '';
  txns.forEach(t => {
    tbody.insertAdjacentHTML('beforeend', `<tr data-id="${t.
id}"><td>${t.date}</td><td>${t.category}</td><td>${t.amount.
toFixed(2)}</td><td><button class="del">×</button></td></tr>`);
  });
  const bal = txns.reduce((s, t) => s + t.amount, 0);
  document.getElementById('balance').textContent =`£${bal.
```

20 (옮긴이) 렌더링은 프로그램의 데이터를 사용자가 볼 수 있게 화면에 그려 주는 과정입니다.

```
toFixed(2)}`;
}
render();
```

금액 테이블이 누적된 합계와 함께 바로 업데이트됩니다.

추가로 시도해 볼 수 있는 아이디어

➢ 리듀스(reduce)[21]를 사용하여 월별 지출을 그룹화하세요.

5단계: 항목 삭제 및 편집하기

프롬프트

버튼으로 행을 삭제하고 금액을 더블클릭하면 수정할 수 있고 수정한 내역을 저장하도록 해 줘.

예시 응답 코드: 삭제 및 편집 핸들러

```
document.getElementById('log').addEventListener('click', e => {
  if (e.target.classList.contains('del')) {
    const id = e.target.closest('tr').dataset.id;
    txns = txns.filter(t => t.id !== id);
    save();
    render();
  }
});
```

이제 페이지를 새로고침하지 않아도 항목을 관리할 수 있습니다.

추가로 시도해 볼 수 있는 아이디어

➢ 카테고리 자동 완성 기능을 추가하세요.

21 (옮긴이) reduce() 함수는 여러 개의 데이터를 대상으로 누적 집계를 낼 때 사용하는 함수입니다.

6단계: 카테고리별 분석 차트 보여 주기

프롬프트

각 카테고리별로 얼마나 썼고 벌었는지 보여 주는 도넛 차트를 그려 줘.

예시 응답 코드: 도넛 차트 시각화

```
let catChart;
function drawChart() {
  const groups = {};
  txns.forEach(t => {
    groups[t.category] = (groups[t.category] || 0) + t.amount;
  });
  const labels = Object.keys(groups);
  const data = Object.values(groups);
  if (catChart) catChart.destroy();
  catChart = new Chart(document.getElementById('catChart'), {
    type: 'doughnut',
    data: {
      labels,
      datasets: [{
        data,
        backgroundColor: ['#4caf50', '#2196f3', '#ff9800',
'#e91e63']
      }]
    }
  });
}
function render() {
  drawChart();
}
```

차트 요약 기능까지 갖춘 금융 관리 프로그램이 완성되었습니다.

추가로 시도해 볼 수 있는 아이디어

➢ 카테고리가 6개를 넘으면 막대 차트로 전환하세요.

완성한 작업

이제 수입과 지출을 오프라인에서 관리할 수 있는 개인 금융 관리기가 생겼습니다.

기능 요약

- 거래 추가, 편집, 삭제
- 실시간 잔액과 표
- `localStorage`로 저장
- 카테고리 도넛 차트

보너스 과제

- 반복적인 거래를 제공하세요.
- 은행 CSV 명세서를 가져오세요.
- 파이어베이스(Firebase)로 데이터를 클라우드에 동기화하세요.

Tutorial 11
실시간 채팅 애플리케이션 만들기

목표

여러 사용자가 메시지를 즉시 주고받을 수 있는 기본 웹 채팅을 만드세요.

- 사용자가 선택한 닉네임
- 실시간 업데이트를 위한 웹소켓 연결
- 실시간 사용자 수
- 새 메시지 알림음

도구

➢ HTML/CSS/자바스크립트

➢ 웹소켓 서버

익힐 기술

➢ 웹소켓 API

➢ 브로드캐스트 메시지 형식(JSON)

➢ DOM 템플릿

➢ 브라우저 알림

1단계: 페이지 레이아웃 만들기

프롬프트

채팅 영역, 실시간 접속자 수, '전송' 버튼이 있는 메시지 상자가 포함된 웹 페이지를 만들어 줘.

예시 응답 코드: 채팅 페이지 기본 구조

```
<body>
  <h1>채팅 <span id="users">0</span>명 온라인</h1>
  <div id="chat"></div>
  <form id="send"><input id="msg" autocomplete="off"
placeholder="메시지..."><button>전송</button></form>
  <script src="app.js"></script>
</body>
```

인터페이스는 실시간이지만 기능은 아직 작동하지 않습니다.

추가로 시도해 볼 수 있는 아이디어

➢ '다크 테마 전환' 버튼(toggler)을 추가하세요.

2단계: 웹소켓에 연결하기

프롬프트

페이지를 무료 온라인 채팅 서비스에 연결하고 채팅에서 '연결됨' 또는 '연결 해제됨' 메시지를 보여 줘.

예시 응답 코드: 웹소켓 연결 핸들러

```
const ws = new WebSocket('wss://echo.websocket.events');
ws.addEventListener('open', () => addSys('연결됨'));
ws.addEventListener('close', () => addSys('연결 해제됨'));
function addSys(t) {
  chat.insertAdjacentHTML('beforeend', `<p class="sys">${t}</p>`);
}
```

이제 연결 이벤트가 나타납니다.

추가로 시도해 볼 수 있는 아이디어

➢ 연결이 끊어지면 자동으로 다시 연결하세요.

3단계: 닉네임 선택하기

프롬프트

닉네임을 한 번만 물어보고 기억했다가 내가 보내는 모든 채팅 메시지에 넣어 줘.

예시 응답 코드: 닉네임 프롬프트와 저장

```
let nick = sessionStorage.nick || prompt('닉네임?');
if (!sessionStorage.nick) sessionStorage.nick = nick;
```

이제 채팅에서 각 사용자를 구별할 수 있습니다.

추가로 시도해 볼 수 있는 아이디어

➢ 2~16자 이내인지 확인하는 유효성 검사를 하세요.

4단계: 메시지 보내기

프롬프트

보내기를 클릭하면 내가 추가한 정보를 보내고 내 메시지를 즉시 보여 줘.

예시 응답 코드: 메시지 보내기 루틴 코드

```
send.addEventListener('submit', e => {
  e.preventDefault();
  const text = msg.value.trim();
  if (!text) return;
  const payload = JSON.stringify({
    nick,
    text});
  ws.send(payload);
  addMsg(nick, text);
  msg.value = '';
});
function addMsg(n, t) {
  chat.insertAdjacentHTML('beforeend', `<p><strong>${n}:</strong>
${t}</p>`);
  chat.scrollTop = chat.scrollHeight;
}
```

로컬 메시지가 곧바로 나타납니다.

추가로 시도해 볼 수 있는 아이디어

➢ 여러 줄을 입력하려면 Shift+Enter 키를 추가하세요.

5단계: 메시지 수신하기

프롬프트

서버에서 메시지를 수신하면 채팅 창에 표시하고 탭이 숨겨져 있다면 부드러운 알림음을 재생해 줘.

예시 응답 코드: 메시지 수신을 위한 이벤트 리스너

```
ws.addEventListener('message', e => {
  const {
    nick: textNick,
    text} = JSON.parse(e.data);
  addMsg(textNick, text);
  if (document.hidden) new Audio('ping.mp3').play();
});
```

이제 모든 사람이 메시지를 실시간으로 볼 수 있습니다.

추가로 시도해 볼 수 있는 아이디어

➤ 읽지 않은 메시지가 있으면 브라우저 탭의 제목을 깜빡이게 하세요.

6단계: 온라인 사용자 수 업데이트하기

프롬프트

내가 참여했음을 모두에게 알리고 온라인 사용자 수가 바뀔 때마다 사용자 수를 업데이트해 줘.

예시 응답 코드: 참여 알림과 온라인 사용자 수 리스너

```
const JOIN = {
  type: 'join',
  nick
};
```

```
ws.addEventListener('open', () => ws.send(JSON.stringify(JOIN)));
ws.addEventListener('message', e => {
  const data = JSON.parse(e.data);
  if (data.type === 'joinCount') users.textContent = data.count;
});
```

이제 온라인 사용자 수가 동적으로 바뀝니다.

추가로 시도해 볼 수 있는 아이디어

➢ 커서를 가져다 두면 닉네임 목록을 보여 주세요.

7단계: 알림 권한 요청하기

프롬프트

브라우저에 권한을 요청하고 내가 다른 탭에 있을 때 새 메시지에 대한 팝업 알림을 보여 줘.

예시 응답 코드: 알림 권한 요청 코드 예시

```
if (Notification.permission === 'default')
Notification.requestPermission();
function notify(n, t) {
  if (Notification.permission === 'granted' && document.hidden) new
Notification(`${n} says`, {
    body:   });
}
```

이제 사용자에게 시스템 알림이 표시됩니다.

추가로 시도해 볼 수 있는 아이디어

➢ 알림을 음소거할 수 있도록 허용하세요.

완성한 작업

프런트엔드 코드만 사용하여 여러 장치에서 작동하는 실시간 채팅을 완성했습니다.

기능 요약

- ➢ 닉네임 + 온라인 사용자 수
- ➢ 웹소켓 실시간 메시징
- ➢ 소리 + 데스크톱 알림
- ➢ 반응형 플렉스 UI

보너스 과제

- ➢ IndexedDB로 메시지 기록을 추가하세요.
- ➢ 비공개 채팅 방을 만드세요.
- ➢ 입력할 때 표시기를 추가하세요.

Tutorial 12
레시피 찾기 앱 만들기

목표

사용자가 요리 레시피를 찾아보고 저장할 수 있는 웹 앱을 만드세요.

- ➢ 재료나 키워드로 레시피를 검색합니다.
- ➢ 모달 창에서 이미지, 재료, 조리법을 봅니다.
- ➢ 식단별 레시피(완전한 채식, 유연한 채식 등)를 필터링합니다.
- ➢ 즐겨찾는 레시피를 `localStorage`에 저장합니다.

도구

- ➢ HTML/CSS/자바스크립트

➢ 무료 레시피 API(TheMealDB)

익힐 기술

➢ REST API로 데이터 가져오기(fetch)

➢ 디바운싱 검색 기능

➢ 팝업 모달 창

➢ `localStorage` 배열 관리

1단계: 검색 인터페이스 만들기

프롬프트

검색 창, 식단 필터 선택 상자(전체, 유연한 채식, 완전한 채식), 레시피 카드를 위한 비어 있는 그리드 구조의 웹 페이지를 만들어 줘.

예시 응답 코드: 검색 인터페이스 마크업

```
<body>
  <h1>레시피 찾기</h1>
  <input id="q" placeholder="레시피 검색..." />
  <select id="diet">
    <option>전체</option>
    <option>유연한 채식</option>
    <option>완전한 채식(비건)</option>
  </select>
  <div id="results"></div>
  <div id="modal" hidden></div>
  <script src="app.js"></script>
</body>
```

이제 사용자는 기본 검색을 볼 수 있습니다.

추가로 시도해 볼 수 있는 아이디어

➢ #results 요소를 반응형 카드 그리드 형태로 디자인하세요.

2단계: API에서 레시피 가져오기

프롬프트

입력을 멈추면 레시피 API를 검색하고 사진과 레시피 이름을 함께 보여 줘.

예시 응답 코드: API 호출에 디바운스를 적용한 코드 예시

```
let timer;
q.addEventListener('input', () => {
  clearTimeout(timer);
  timer = setTimeout(load, 500);
});
async function load() {
  const term = q.value.trim();
  if (!term) return results.innerHTML = '';
  const res = await fetch(`https://www.themealdb.com/api/json/v1/1/
search.php?s=${term}`);
  const json = await res.json();
  render(json.meals || []);
}
```

검색하면 레시피 카드를 반환합니다.

추가로 시도해 볼 수 있는 아이디어

➢ 로딩 중일 때는 로딩 표시기를 보여 주세요.

3단계: 식단별로 필터링하기

프롬프트

드롭다운 목록에서 내가 선택한 식단과 일치하지 않는 카드를 숨겨 줘.

예시 응답 코드: 식단별 필터 핸들러 코드

```
diet.addEventListener('change', () => {
```

```
  document.querySelectorAll('#results article').forEach(card => {
    const ok = diet.value === 'All' || card.dataset.cat.
includes(diet.value);
    card.hidden = !ok;
  });
});
```

이제 사용자는 식단 목록을 필터링할 수 있습니다.

추가로 시도해 볼 수 있는 아이디어

➢ 선택한 식단 옵션을 localStorage에 저장하기

4단계: 레시피를 모달 창에 표시하기

프롬프트

카드를 클릭하면 사진, 조리법, '저장' 버튼, '닫기' 버튼이 있는 팝업을 열어 줘.

예시 응답 코드: 모달 창 출력 함수

```
results.addEventListener('click', async e => {
  const id = e.target.closest('article')?.dataset.id;
  if (!id) return;
  const res = await fetch(`https://www.themealdb.com/api/json/v1/1/
lookup.php?i=${id}`);
  const meal = (await res.json()).meals[0];
  modal.innerHTML = `<h2>${meal.strMeal}</h2><img src="${meal.
strMealThumb}"><p>${meal.strInstructions}</p><button id='save'>저장
</button><button id='close'>닫기</button>`;
  modal.hidden = false;
});
modal.addEventListener('click', e => {
  if (e.target.id === 'close') modal.hidden = true;
});
```

레시피의 세부 정보가 모달 창에서 열립니다.

추가로 시도해 볼 수 있는 아이디어

➢ 재료를 표로 출력하세요.

5단계: 즐겨찾기에 저장하기

프롬프트

'저장'을 클릭하면 해당 레시피를 브라우저에 저장하고 카드를 저장했다고 표시해 줘.

예시 응답 코드: 즐겨찾기에 영구 저장하는 코드 예시

```
let favs = JSON.parse(localStorage.getItem('favs') ||
'[]');
modal.addEventListener('click', e => {
  if (e.target.id === 'save') {
    const id = e.target.closest('#modal').querySelector('h2').
dataset.id;
    if (!favs.includes(id)) {
      favs.push(id);
      localStorage.setItem('favs', JSON.stringify(favs));
    }
    modal.hidden = true;
    load(); // re-render to highlight
  }
});
```

이제 사용자는 즐겨찾기 레시피 목록을 간들 수 있습니다.

추가로 시도해 볼 수 있는 아이디어

➢ 저장된 레시피만 보여 주는 '즐겨찾기' 탭을 추가하세요.

완성한 작업

필터, 세부 정보, 즐겨찾기 저장 기능이 있는 레시피 검색기를 만들었습니다.

기능 요약

- ➢ 키워드 + 식단 검색
- ➢ API 기반 레시피 카드
- ➢ 저장 기능이 있는 상세 모달
- ➢ 로컬에 저장되는 즐겨찾기

보너스 과제

- ➢ 재료를 바탕으로 쇼핑 목록을 만들어 보세요.
- ➢ 소셜 미디어에 레시피 링크를 공유하세요.
- ➢ 인쇄하기 쉬운 레시피 보기를 제공하세요.

Tutorial 13
마크다운 블로그 에디터 만들기

목표

마크다운으로 블로그 글을 작성하고 실시간 미리 보기가 가능한 웹 에디터를 만들어 봅시다.

- ➢ 왼쪽에는 마크다운 텍스트를 작성합니다.
- ➢ 오른쪽에는 실시간 미리 보기를 표시합니다.
- ➢ 게시물을 `localStorage`에 저장합니다.
- ➢ 게시물을 .md 파일로 다운로드합니다.

도구

- ➢ HTML/CSS/자바스크립트
- ➢ Marked.js(마크다운 파서(parser))

익힐 기술

- 외부 라이브러리 사용
- 텍스트 입력 처리
- localStorage 저장/조회
- 다운로드 파일 만들기

1단계: 페이지 설정하기

프롬프트

나란히 배치된 두 개의 박스가 있는 페이지를 만들어 줘. 하나는 작성용 textarea, 다른 하나는 미리 보기용 빈 div로 만들어 줘.

예시 응답 코드: 간단한 HTML 페이지 구조

```
<body>
  <h1>마크다운 블로그 에디터</h1>
  <div id="panes">
    <textarea id="write" placeholder='여기에 마크다운으로 작성하세요..."></
textarea>
    <div id="preview"></div>
  </div>
  <button id="save">저장</button>
  <button id="download">마크다운(.md) 다운로드</button>
  <script src="https://cdn.jsdelivr.net/npm/marked/marked.min.
js"></script>
  <script src="app.js"></script>
</body>
```

이제 마크다운 에디터를 위한 기본 페이지 구조가 갖춰졌습니다.

추가로 시도해 볼 수 있는 아이디어

- 두 개의 창을 나란히 표시하는 간단한 CSS를 추가합니다.

2단계: 실시간 미리 보기 보여 주기

프롬프트

텍스트 영역에 입력하는 내용을 서식이 적용된 HTML로 변환해 입력과 동시에 미리 보기 상자에서 보여 줄 수 있도록 코드를 추가해 줘.

예시 응답 코드

```
const write = document.getElementById('write');
const preview = document.getElementById('preview');
write.addEventListener('input', () => {
  preview.innerHTML = marked.parse(write.value);
});
```

추가로 시도해 볼 수 있는 아이디어

➤ 성능 개선을 위해 타이핑을 디바운스합니다.

3단계: 초안을 브라우저에 저장하기

프롬프트

'저장'을 클릭할 때마다 현재 텍스트를 저장하여 새로고침한 후에도 유지되게 해 줘.

예시 응답 코드

```
const saveBtn = document.getElementById('save');
write.value = localStorage.getItem('draft') || '';
preview.innerHTML = marked.parse(write.value);
saveBtn.addEventListener('click', () => {
  localStorage.setItem('draft', write.value);
  alert('Draft saved');
});
```

추가로 시도해 볼 수 있는 아이디어

➢ 매분마다 자동으로 저장되게 합니다.

4단계: 마크다운 파일로 다운로드하기

프롬프트

Download.md를 클릭하면 브라우저가 텍스트를 마크다운 파일로 다운로드하는 코드를 추가해 줘.

예시 응답 코드

```
download.addEventListener('click', () => {
  const blob = new Blob ([write.value], {
    type: 'text/markdown'
  });
  const link = document.createElement('a');
  link.href = URL.createObjectURL (blob);
  link.download = 'post.md';
  link.click();
});
```

추가로 시도해 볼 수 있는 아이디어

➢ HTML로도 다운로드할 수 있습니다.

5단계: 반응형 레이아웃

프롬프트

작은 화면에서는 두 개의 창이 서로 위에 쌓이도록 만들어 줘.

예시 응답 코드

```
#panes {
  display: flex;
```

```
  gap: 10px;
  height: 70vh;
}
#write, #preview {
  flex: 1;
  padding: 10px;
}
@media (max-width: 700px) {
  #panes {
    flex-direction: column;
  }
}
```

추가로 시도해 볼 수 있는 아이디어

➤ 에디터용 '다크 테마 전환' 버튼을 추가합니다.

6단계: 기본 툴바 추가하기

프롬프트

굵게, 이탤릭체, '링크' 버튼을 만들어 커서 위치에 올바른 마크다운 기호를 삽입하게 해 줘.

예시 응답 코드

```
function wrap (start, end) {
  const {
    selectionStart: s,
    selectionEnd: e,
    value
  } = write;
  write.setRangeText (start + value.slice(s, e) + end,
  s, e, 'end');
}
write.dispatchEvent (new Event('input'));
boldBtn.addEventListener('click', () => wrap('**',
'**'));
```

추가로 시도해 볼 수 있는 아이디어

➢ H1 - H3 레벨의 제목을 추가합니다.

완성한 작업

초안을 저장하고 게시물을 다운로드할 수 있는, 두 개의 창으로 된 마크다운 에디터를 만들었습니다.

기능 요약

➢ 실시간 마크다운 미리 보기
➢ 로컬 초안 저장
➢ .md 파일로 다운로드
➢ 반응형의 분할 화면

보너스 과제

➢ 스타일이 적용된 HTML로 내보냅니다.
➢ 단어 수를 추가합니다.
➢ Dropbox로 초안을 동기화합니다.

Tutorial 14
습관 관리 도구 만들기

목표

간단한 일일 체크리스트로 사용자가 좋은 습관을 형성하도록 도와줍니다.

➢ 관리하고 싶은 습관을 추가합니다.
➢ 매일 습관을 점검합니다.
➢ 각 습관의 연속 달성 횟수를 확인합니다.

➢ 모든 습관을 브라우저에 저장합니다.

도구

➢ HTML/CSS/자바스크립트

익힐 기술

➢ 동적 리스트

➢ 날짜 처리

➢ `localStorage`

➢ 기본 연속 달성 횟수 계산

1단계: 페이지 레이아웃 만들기

프롬프트

> 습관을 추가할 텍스트 상자, '추가' 버튼, 그리고 아래에 습관을 위한 빈 목록이 있는 페이지를 만들어 줘.

예시 응답 코드: 간단한 HTML 페이지 구조

```
<body>
  <h1>습관 관리 도구</h1>
  <input id="habit" placeholder="New habit..."><button id="add">추가
</button>
  <ul id="list"></ul>
  <script src="app.js"></script>
</body>
```

이제 습관 관리 도구를 위한 기본 페이지 레이아웃이 갖춰졌습니다.

추가로 시도해 볼 수 있는 아이디어

➢ CSS를 사용하여 목록을 중앙에 배치하고 체크 표시를 스타일링합니다.

2단계: 새 습관 추가하기

프롬프트

'추가'를 클릭하면 습관이 확인란과 함께 목록에 추가되고 브라우저에 저장되는 코드를 추가해 줘.

예시 응답 코드: 자바스크립트 함수

```
let habits = JSON.parse(localStorage.getItem('habits') || '[]');
function render() {
  list.innerHTML = '';
  habits.forEach (h => {
    list.insertAdjacentHTML('beforeend', `<li data-id="${h.
id}"><input type="checkbox"> ${h.name} <span class="streak">${h.
streak}</span></li>`);
  });
}
```

이제 '추가' 버튼을 클릭하면 습관을 저장하고 보여 줍니다.

추가로 시도해 볼 수 있는 아이디어

➢ Enter 키를 눌러 추가할 수 있게 합니다.

3단계: 습관을 완료로 표시하기

프롬프트

습관을 체크하면 오늘 날짜를 기억해 줘. 내일 다시 체크하면 연속 횟수를 늘리고 그렇지 않으면 초기화해 줘.

예시 응답 코드: 연속 달성 횟수를 처리하는 자바스크립트 함수

```
function today() {
  return new Date().toISOString().slice(0, 10);
```

```
} // YYYY-MM-DD
list.addEventListener('change', e => {
  const id = e.target.closest('li').dataset.id;
  habits = habits.map(h => {
    if (h.id === id) {
      if (h.last === today()) return h;
      h.streak = h.last === new Date (Date.now() -864e5).
toISOString().slice(0, 10) ? h.streak + 1 : 1;
      h.last = today();
    }
    return h;
  });
  localStorage.setItem('habits', JSON.stringify(habits));
  render();
});
```

이제 연속 달성 횟수를 자동으로 추적합니다.

추가로 시도해 볼 수 있는 아이디어

➢ 새로운 연속 달성 기록을 달성했을 때 토스트 알림을 표시합니다.

4단계: 습관 삭제하기

프롬프트

각 습관 옆에 작은 'X(삭제)' 버튼을 추가하여 목록과 저장소에서 삭제할 수 있게 해 줘.

예시 응답 코드: 삭제를 처리하는 함수

```
list.addEventListener('click', e => {
  if (e.target.classList.contains('del')) {
    const id = e.target.closest('li').dataset.id;
    habits = habits.filter(h => h.id !== id);
    localStorage.setItem('habits', JSON.stringify(habits));
    render();
  }
});
```

이제 불필요한 습관을 제거할 수 있습니다.

5단계: 주간 일정 보기

프롬프트

각 습관마다 최근 7일 동안의 완료 여부를 체크 표시로 보여 주는 작은 캘린더를 추가해 줘.

예시 응답 코드: 날짜 배열을 처리하는 함수 코드

```
function calendar (h) {
  const days = [...Array(7)].map((_, i) => {
    const d = new Date(Date.now() - i * 864e5).toISOString().
slice(0, 10);
    return `<span class='day ${h.last===d?"done": ""}'></span> `;
  }).reverse().join('');
  return `<div class='week'>${days}</div>`;
} // 각 습관을 화면에 표시할 때마다 calendar()를 호출합니다.
```

이제 각 습관에 대한 7일 미니 보기가 생겼습니다.

완성한 작업

연속 달성 횟수를 기억하고 미니 달력을 보여 주는 유용한 습관 관리 도구를 만들었습니다.

기능 요약

- 습관 추가
- 일일 체크 및 연속 횟수 계산
- 습관 삭제
- 미니 주간 달력

보너스 과제

- ➢ 알림 기능
- ➢ 습관을 JSON으로 내보내기/가져오기
- ➢ 다크 모드 전환 기능

Tutorial 15
가상의 갤러리 만들기

목표

방문객이 다음을 할 수 있는 온라인 갤러리를 만듭니다.

- ➢ 썸네일 작품을 구경합니다.
- ➢ 라이트박스[22]에서 전체 화면으로 이미지를 봅니다.
- ➢ 작품을 탐색합니다.
- ➢ 클릭 한 번으로 갤러리를 닫습니다.

도구

- ➢ HTML/CSS/자바스크립트
- ➢ 기본 코드 에디터(예: 코드펜, 레플릿)

익힐 기술

- ➢ 반응형 그리드 레이아웃
- ➢ 이벤트 처리
- ➢ 동적 DOM 조작
- ➢ 키보드 제어

22 (옮긴이) 이미지를 화면 중앙에 크게 띄우고 나머지는 어둡게 처리해 집중해서 보게 하는 UI 처리 방식

1단계: 갤러리 그리드 만들기

프롬프트

아트 갤러리를 위한 반응형 이미지 썸네일 그리드를 갖춘 간단한 웹 페이지를 만들어 줘.

예시 응답 코드: 기본 HTML 레이아웃

```
<div id="gallery">
  <img src="art1.jpg" alt="Art 1" class="thumb">
  <img src="art2.jpg" alt="Art 2" class="thumb">
  <!— more thumbnails -->
</div>
```

이제 아트 썸네일 그리드가 생겼습니다.

추가로 시도해 볼 수 있는 아이디어

➢ 작품 이미지를 더 많이 추가합니다.

2단계: 클릭 시 이미지 확대 창 표시하기

프롬프트

썸네일을 클릭하면 어두운 오버레이 위에 이미지를 전체 화면으로 띄우는 코드를 추가해 줘.

예시 응답 코드: 클릭 이벤트 리스너

```
document.getElementById('gallery').addEventListener('click', e => {
  if (e.target.classList.contains('thumb')) {
    const lightbox = document.getElementById('lightbox');
    lightbox.querySelector('img').src = e.target.src;
    lightbox.classList.add('show');
  }
});
```

이제 모든 작품을 전체 화면으로 볼 수 있습니다.

추가로 시도해 볼 수 있는 아이디어

➢ 더 부드럽게 보이도록 오버레이를 서서히 나타나게(fade in) 합니다.

3단계: 탐색 버튼 추가하기

프롬프트

라이트박스에 '다음' 버튼과 '이전' 버튼을 추가해서 이미지를 순환해서 보게 해 줘.

예시 응답 코드: 두 개의 버튼과 간단한 탐색 핸들러

```
<div id="lightbox" class="hide">
  <button id="prev">&lt;</button>
  <img id="lightboxImg" src="" alt="artwork">
  <button id="next">&gt;</button>
</div>
<script>
const images = Array.from(document.querySelectorAll('#gallery
.thumb'));
let current = 0;
function showImage(i) {
  current = (i + images.length) % images.length;
  document.getElementById('lightboxImg').src = images[current].src;
}
prev.onclick = () => showImage(current - 1);
next.onclick = () => showImage(current + 1);
</script>
```

이제 방문자는 버튼으로 작품 사이를 이동할 수 있습니다.

추가로 시도해 볼 수 있는 아이디어

➢ 키보드 화살표를 단축키로 추가합니다.

4단계: 라이트박스 닫기

프롬프트

사용자가 이미지 바깥을 클릭하거나 Esc 키를 누르면 라이트박스를 닫아 줘.

예시 응답 코드: 키와 클릭 핸들러

```
lightbox.addEventListener('click', e => {
  if (e.target === lightbox) lightbox.classList.remove('show');
});
document.addEventListener('keydown', e => {
  if (e.key === 'Escape') lightbox.classList.remove('show');
});
```

이미지 바깥을 클릭하거나 Esc 키를 누르면 갤러리가 깔끔하게 닫힙니다.

추가로 시도해 볼 수 있는 아이디어

➤ 닫기 동작을 애니메이션으로 만듭니다.

5단계: 갤러리 스타일링하기

프롬프트

썸네일에 CSS 그리드를 적용하고 라이트박스 이미지는 가운데에 배치해 줘.

예시 응답 코드: 간결한 CSS 레이아웃

```
#gallery {
  display: grid;
  grid-template-columns: repeat (auto-fill, minmax (160px, 1fr));
  gap: 10px;
}
#lightbox.show {
```

```
  display: flex;
}
```

이제 가상 갤러리가 세련되게 보일 것입니다.

추가로 시도해 볼 수 있는 아이디어

➢ 썸네일에 은은한 호버(hover) 효과[23]를 추가합니다.

완성한 작업

이제 라이트박스 탐색 기능이 포함된 가상의 갤러리를 만들었습니다.

기능 요약

➢ 반응형 썸네일 그리드

➢ 전체 화면 라이트박스

➢ 다음/이전 탐색

➢ 키보드와 클릭으로 닫기

보너스 과제

➢ 아티스트 이름에 캡션을 추가합니다.

➢ 성능을 위해 이미지를 필요할 때만 로드합니다.

➢ 모바일에서 밀기(swipe) 동작을 지원합니다.

23 (옮긴이) 마우스를 요소 위에 올렸을 때 시각적 변화를 알려 주는 효과

Tutorial 16
개인 재무 대시보드 구축하기

목표

사용자가 수입과 지출을 한 화면에서 관리해서 다음을 할 수 있게 합니다.

- 새 거래를 빠르게 추가합니다.
- 수입, 지출, 잔액 합계를 확인합니다.
- 카테고리별로 지출을 그래프로 시각화합니다.
- 다음에 열어도 데이터가 남아 있습니다. (저장 기능)

도구

- HTML/CSS/자바스크립트
- Chart.js(오픈 소스 차트 라이브러리)
- 기본 코드 에디터(예: 코드펜, 리플릿)

익힐 기술

- 폼 처리
- 배열 연산과 필터링
- 외부 라이브러리 사용
- 로컬 스토리지에 데이터 저장
- 반응형 레이아웃

1단계: 재무 상태 카드 레이아웃 구성하기

프롬프트

수입, 지출, 잔액을 보여 주는 세 개의 카드가 있는 웹 페이지를 만들어 줘. 차트와 금융 거래 표를 위한 공간을 남겨 줘.

예시 응답 코드: 간단한 카드 레이아웃

```
<section id="summary">
  <div class="card" id="income">₩0</div>
  <div class="card" id="expenses">₩0</div>
  <div class="card" id="balance">₩0</div>
</section>
<canvas id="spendChart"></canvas>
<table id="transactions"></table>
```

이제 대시보드에 표시할 수 있는 공간이 생겼습니다.

추가로 시도해 볼 수 있는 아이디어

➤ 각 카드에 제목을 넣습니다.

2단계: 금융 거래 입력 양식을 추가하기

프롬프트

설명, 금액, 카테고리 필드와 '추가' 버튼이 있는 양식을 추가해 줘.

예시 응답 코드: 기본 HTML 입력란

```
<form id="newTx">
  <input id="desc" placeholder="Description" required>
  <input id= "amount" type="number" step="0.01" placeholder=
"Amount" required>
  <select id="cat">
    <option>식비</option>
```

```
    <option>집세</option>
  </select>
  <button>추가</button>
</form>
```

이제 사용자가 새 거래를 입력할 수 있습니다.

추가로 시도해 볼 수 있는 아이디어

➢ 선택 목록에 카테고리를 더 추가합니다.

3단계: 금융 거래를 저장하고 렌더링하기

프롬프트

각 거래를 저장하고 표를 업데이트하며 총액을 다시 계산하는 코드를 작성해 줘.

예시 응답 코드: 간단한 업데이트 함수

```
const tx = [];
function updateUI() {
  const income = tx.filter(t => t.amount > 0).reduce((s, t) => s +
t.amount, 0);
  const expense = tx.filter(t => t.amount < 0).reduce((s, t) => s +
t.amount, 0);
  document.getElementById('income').textContent = `₩${income}`;
  document.getElementById('expenses').textContent = `₩${Math.
abs(expense)}`;
  document.getElementById('balance').textContent = `₩${income +
expense}`;
}
```

이제 대시보드에서 총액을 실시간으로 볼 수 있습니다.

추가로 시도해 볼 수 있는 아이디어

➢ 숫자를 소수점 둘째 자리까지 표시합니다.

4단계: 지출 차트 그리기

프롬프트

차트 라이브러리를 사용하여 카테고리별 지출을 도넛 차트로 그려 줘.

예시 응답 코드: 간단한 차트 만들기 코드

```
const ctx = document.getElementById('spendChart');
new Chart(ctx, {
  type: 'doughnut',
  data: {
    labels: cats,
    datasets: [{
      data: catTotals
    }]
  }
});
```

이제 돈이 어디로 나가는지 확인할 수 있습니다.

추가로 시도해 볼 수 있는 아이디어

➤ 월별 지출을 보기 위해 막대 차트로 바꿉니다.

5단계: 데이터를 로컬에 저장하기

프롬프트

거래 내역이 바뀔 때마다 저장하고 새로고침해도 기억되게 해 줘.

예시 응답 코드: 간단한 저장과 불러오기 패턴 코드

```
function save() {
  localStorage.setItem('fin-tx', JSON.stringify(tx));
}
function load() {
```

```
  return JSON.parse(localStorage.getItem('fin-tx') || '[]');
}
```

이제 페이지를 새로고침한 뒤에도 데이터가 유지됩니다.

추가로 시도해 볼 수 있는 아이디어

➢ '데이터 삭제' 버튼을 추가합니다.

6단계: 대시보드 스타일링하기

프롬프트

데스크톱에서는 카드를 한 줄에 배치하고, 작은 화면에서는 카드가 세로로 쌓이게 해 줘.

예시 응답 코드: 간결한 그리드 규칙

```
#summary {
  display: grid;
  grid-template-columns: repeat(auto-fit, minmax(120px, 1fr));
  gap: 1rem;
}
.card {
  background: #f7f7f7;
  padding: 1rem;
  border-radius: 8px;
  text-align: center;
}
```

이제 재무 관리 대시보드가 전문적으로 보입니다.

추가로 시도해 볼 수 있는 아이디어

➢ 수입과 지출에 의미 있는 색상을 사용합니다. (예를 들어 수입은 파란색, 지출은 빨간색)

완성한 작업

이제 실시간으로 지출을 추적하고 시각화하여 보여 주는 개인 재무 대시보드를 완성했습니다.

기능 요약

- 실시간 수입·지출 총액 표시
- 카테고리와 함께 거래 추가
- 지출을 보여 주는 도넛형 차트
- `localStorage`에 데이터 저장
- 반응형 카드 레이아웃

보너스 과제

- 거래를 CSV로 가져오고 내보냅니다.
- 반복 거래 알림을 추가합니다.
- (할 수 있다면) 은행 API와 실시간으로 연동합니다.

Tutorial 17

언어 학습용 플래시카드 앱 만들기

목표

학습자가 단어를 외우는 데 도움을 줍니다.

- 카드를 뒤집어 뜻을 확인합니다.
- 카드 한 팩을 섞습니다.
- 정답을 기록합니다.
- 새 단어를 쉽게 추가합니다.

도구

- HTML/CSS/자바스크립트
- 기본 코드 에디터(예: 코드펜, 레플릿)

익힐 기술

- CSS 변환(transform)
- 이벤트 위임
- 배열 처리
- 기본 상태 관리

1단계: 단일 플래시카드 그리기

프롬프트

> 화면 가운데에 카드 하나가 있는 웹 페이지를 만들어 줘. 앞면에는 단어를, 뒷면에는 뜻을 표시해 줘.

예시 응답 코드: 기본 구조

```
<div class="card" id="flash">
  <div class="front">Hola</div>
  <div class="back">안녕</div>
</div>
```

이제 뒤집을 수 있는 카드가 하나 만들어졌습니다.

추가로 시도해 볼 수 있는 아이디어

- 예시 단어를 나만의 단어 목록에서 가져온 단어로 바꿉니다.

2단계: 탭 또는 클릭으로 뒤집기

프롬프트

카드를 클릭하면 뒤집어 줘.

예시 응답 코드: CSS 3D 뒤집기 규칙 추가

```
.card {
  width: 200px;
  height: 120px;
  perspective: 800px;
}
.card > div {
  position: absolute;
  width: 100%;
  height: 100%;
  backface-visibility: hidden;
  display: flex;
  align-items: center;
  justify-content: center;
  border: 1px solid #ccc;
}
.card .back {
  transform: rotateY(180deg);
}
.card.flip .front {
  transform: rotateY(180deg);
}
.card.flip .back {
  transform: rotateY(360deg);
}
```

이제 학습자는 실제로 넘기는 듯한 뒤집기 효과로 뜻을 확인할 수 있습니다.

추가로 시도해 볼 수 있는 아이디어

➢ 뒤집기에 사용할 키보드 단축키를 추가합니다.

3단계: 카드를 하나씩 넘기기

프롬프트

> '다음', '이전' 버튼을 만들어 다음 단어를 불러와 줘.

예시 응답 코드: 간단한 탐색 코드

```
let index = 0;
function showCard(i) {
  const [front, back] = deck[i];
  frontEl.textContent = front;
  backEl.textContent = back;
}
document.getElementById('next').onclick = () => showCard(++index % deck.length);
```

이제 여러 카드를 넘기며 볼 수 있습니다.

추가로 시도해 볼 수 있는 아이디어

➢ '랜덤으로 섞기' 버튼을 추가합니다.

4단계: 정답 기록하기

프롬프트

> 학습자가 뒤집기 전에 단어를 알았으면 점수를 올릴 수 있는 '정답' 버튼을 추가해 줘.

예시 응답 코드: 간단한 점수 계산 예시

```
let score = 0;
correctBtn.onclick = () => {
  score++;
  document.getElementById('score').textContent = score;
};
```

이제 학습자는 자신의 진도를 확인할 수 있습니다.

추가로 시도해 볼 수 있는 아이디어

➢ 점수를 `localStorage`에 저장해서 유지되게 합니다.

완성한 작업

이제 뒤집기, 섞기, 어휘 학습 진도를 기록하고 관리하는 플래시카드 앱을 만들었습니다.

기능 요약

➢ 뒤집을 수 있는 단어 카드
➢ 다음/이전 탐색 기능
➢ 카드 섞기 옵션
➢ 점수 계산 기능

보너스 과제

➢ CSV 파일에서 단어를 가져옵니다.
➢ 이미지 또는 오디오 발음을 추가합니다.
➢ 진행 상황을 퍼센트 막대 그래프로 보여 줍니다.

Tutorial 18
명상 타이머 앱 만들기

목표

사용자가 정해진 시간 동안 명상할 수 있도록 돕습니다.

➢ 명상 시간을 원하는 시간으로 설정합니다.
➢ 남은 시간을 표시합니다.

- 명상이 종료되면 부드러운 알림음이 울립니다.
- 이전 명상 시간 기록을 확인합니다.

도구

- HTML/CSS/자바스크립트
- 기본 코드 에디터(예: 코드펜, 레플릿)

익힐 기술

- 반복 타이머
- 오디오 재생
- SVG·CSS 애니메이션
- 로컬 스토리지에 저장
- 사용하기 편리한 UI 디자인

1단계: 타이머 레이아웃 만들기

프롬프트

큰 타이머 화면(MM:SS), '시작' 버튼, 분을 선택하는 필드가 있는 웹 페이지를 만들어 줘.

예시 응답 코드: 기본 타이머 레이아웃

```
<h1 id="display">05:00</h1>
<input id="minutes" type="number" min= '1" value="5">
<button id="start">시작</button>
```

이제 기본 명상 타이머 인터페이스가 준비됐습니다.

추가로 시도해 볼 수 있는 아이디어

- 플렉스박스를 만들어 모든 것을 가운데에 정렬합니다.

2단계: 카운트다운 로직 구현하기

프롬프트

> 매초마다 카운트다운하고 00:00이 될 때까지 표시를 갱신하는 코드를 추가해 줘.

예시 응답 코드: 간단한 인터벌

```
let remaining;
let timer;
function tick() {
  if (remaining <= 0) {
    clearInterval(timer);
    end();
    return;
  }
  remaining--;
  updateDisplay();
}
function start() {
  remaining = parseInt(minutes.value, 10) * 60;
  timer = setInterval(tick, 1000);
}
startBtn.onclick = start;
```

이제 타이머로 남은 시간을 정확히 알 수 있습니다.

추가로 시도해 볼 수 있는 아이디어

➢ 타이머가 실행되는 동안 입력란을 비활성화합니다.

3단계: 종료 시 벨 소리 울리기

프롬프트

> 타이머가 끝나면 벨 소리를 짧게 재생하고 '시작' 버튼을 초기화해 줘.

예시 응답 코드: 간단한 오디오 신호

```
const bell = new Audio('bell.mp3');
function end() {
  bell.play();
  startBtn.disabled = false;
}
```

이제 세션이 끝나면 사용자는 소리로 안내받습니다.

추가로 시도해 볼 수 있는 아이디어

➢ 여러 벨 소리 중에서 선택할 수 있게 합니다.

4단계: 진행 원형 차트 추가하기

프롬프트

시간이 지날수록 줄어드는 원형 진행 바를 표시해 줘.

예시 응답 코드: 짧은 SVG 업데이트 코드

```
const circle = document.querySelector('circle');
const full = circle.getTotalLength();
function updateDisplay() {
  display.textContent = `${Math.floor(remaining/60).toString().
padStart(2,'0')}:${(remaining % 60).toString().padStart(2,'0')}`;
  circle.style.strokeDashoffset = full * (remaining / total);
}
```

사용자는 명상 진행 과정을 시각적으로 확인할 수 있습니다.

추가로 시도해 볼 수 있는 아이디어

➢ 종료 시간에 가까워질수록 색상이 서서히 변하는 효과를 넣습니다.

5단계: 마지막 명상 시간 기록하기

프롬프트

마지막에 선택한 분(minutes)을 `localStorage`에 저장하고 다음에 조회하게 해 줘.

예시 응답 코드: 간단한 저장 및 불러오기

```
minutes.value = localStorage.getItem('med-min') || 5;
minutes.onchange = () => localStorage.setItem('med-min', minutes.
value);
```

사용자가 선호하는 세션을 앱에 기록합니다.

추가로 시도해 볼 수 있는 아이디어

➢ 전체 명상 시간을 기록하고 확인합니다.

6단계: 다크 모드 스타일링 추가하기

프롬프트

달 아이콘을 누르면 어두운 배경과 밝은 텍스트가 있는 화면으로 전환해 줘.

예시 응답 코드: 간단한 HTML 버튼, CSS 테마 규칙, 자바스크립트 토글

```
<button id="toggle"><span id="icon">☽</span></button>
body.dark {
  background: #111;
  color: #fafafa;
}
#toggle {
  position: fixed;
  top: 1rem;
  right: 1rem;
  background: none;
  border: none;
```

```
  font-size: 1.5rem;
  cursor: pointer;
}
document.getElementById('toggle').onclick = () => {
  document.body.classList.toggle('dark );
  icon.textContent = document.body.classList.contains('dark') ? '🌙
' : '☀';
};
```

이제 타이머에 밝은 테마와 어두운 테마 사이를 전환하는 '달' 버튼이 생겼습니다.

추가로 시도해 볼 수 있는 아이디어

➢ 선택한 테마를 `localStorage`에 저장합니다.

7단계: UI 다듬기

프롬프트

부드러운 버튼과 원형 애니메이션을 위해 CSS 변환을 사용해 줘.

예시 응답 코드: 간단한 변환 규칙 코드

```
button {
  transition: background 0.3s;
}
```

이제 명상 타이머는 차분하고 세련되게 보입니다.

추가로 시도해 볼 수 있는 아이디어

➢ 차분한 분위기의 구글 글꼴로 바꿉니다.

완성한 작업

이제 오디오 알림, 진행 상황 시각화, 다크 모드 기능이 있는 명상 타이머를 만들었습니다.

기능 요약

➢ 사용자 지정 명상 시간 설정
➢ 카운트다운 표시 화면
➢ 종료 시 울리는 벨 소리
➢ 원형 진행 애니메이션으로 표시
➢ 다크 모드 토글

보너스 과제

➢ 호흡 안내 애니메이션을 추가합니다.
➢ 캘린더 보기에 명상 기록을 남깁니다.
➢ SNS에 완료한 명상을 공유합니다.

Tutorial 19
대화형 퀴즈 앱 만들기

목표

사용자가 자신의 지식을 점검하도록 합니다.

➢ 객관식 질문에 답합니다.
➢ 피드백을 즉시 확인합니다.
➢ 사용자의 점수를 기록합니다.
➢ 최종 결과 화면을 보여 줍니다.

도구

- HTML/CSS/자바스크립트
- 기본 코드 에디터(예: 코드펜, 레플릿)

익힐 기술

- 동적 콘텐츠 생성
- 이벤트 처리
- 상태 관리
- 조건부 스타일링

1단계: 질문 레이아웃 만들기

프롬프트

질문 상자, '답안' 버튼 네 개, '다음' 버튼이 있는 웹 페이지를 만들어 줘.

예시 응답 코드: 기본 퀴즈 레이아웃

```
<h2 id="question">질문 상자</h2>
<div id="answers">
  <button class="answer-1">답안</button>
  <button class="answer-2">답안</button>
  <button class="answer-3">답안</button>
  <button class="answer-4">답안</button>
</div>
<button id="next" disabled>다음</button>
```

퀴즈 콘텐츠를 표시할 수 있는 공간이 준비됐습니다.

추가로 시도해 볼 수 있는 아이디어

- 퀴즈 제목을 포함하기 위해 제목란을 추가합니다.

2단계: 질문 불러오기

프롬프트

답안이 각기 다른 일련의 질문을 추가해 줘. 사용자는 다음 질문으로 넘어가기 전에 첫 번째 질문에 답해야 해.

예시 응답 코드: 간단한 렌더링 함수

```
const question = document.getElementById('question');
const answers = document.getElementById('answers');
const nextBtn = document.getElementById('next');
let current = 0;
let score = 0;
const qs = [{
    q: 'What is 2 + 2?',
    c: ['3', '4', '5', '6'],
    a: 1
  },
  {
    q: 'Capital of France?',
    c: ['Berlin', 'Madrid', 'Paris', 'Rome'],
    a: 2
  },
  // 추가 질문...
];
function show(i) {
  const item = qs[i];
  question.textContent = item.q;
  answers.innerHTML = item.c.map((t, j) => `<button data-
i="${j}">${t}</button>`).join('');
  nextBtn.disabled = true;
}
show(current);
```

이제 첫 번째 질문이 화면에 표시됩니다.

추가로 시도해 볼 수 있는 아이디어

➢ 랜덤으로 표시하기 위해 배열을 섞습니다.

3단계: 정답 확인하기

프롬프트

> 사용자가 답안을 클릭했을 때 정답이면 초록색, 오답이면 빨간색으로 강조 표시하고 '다음' 버튼을 활성화해 줘.

예시 응답 코드: 클릭 핸들러

```
answers.onclick = e => {
  if (e.target.tagName !== 'BUTTON') return;
  const idx = +e.target.dataset.i;
  const correct = idx === qs[current].a;
  e.target.classList.add(correct ? 'right' : 'wrong');
  score += correct;
  next.disabled = false;
};
```

이제 사용자는 즉시 피드백을 받습니다.

추가로 시도해 볼 수 있는 아이디어

➢ 답안을 선택하면 다른 버튼을 비활성화합니다.

4단계: 최종 점수 표시하기

프롬프트

> 마지막 질문이 끝나면 퀴즈 요소를 숨기고 '사용자 점수: 맞힌 문제 수/전체 문제 수'를 표시해 줘.

예시 응답 코드: 간단한 결과

```
if (current === qs.length) {
  quiz.innerHTML = `<h2>사용자 점수: ${score}/${qs.length}</h2>`;
}
```

이제 사용자는 자신의 점수를 확인할 수 있습니다.

추가로 시도해 볼 수 있는 아이디어

➢ '퀴즈 다시 시작' 버튼을 제공합니다.

5단계: 퀴즈 스타일링하기

프롬프트

> CSS로 퀴즈를 가운데 정렬하고 답안에 호버 효과를 넣고 정답/오답 선택을 색상으로 구분해 줘.

예시 응답 코드: 세 가지를 모두 수행하는 스타일시트

```
#quiz {
  max-width: 400px;
  margin: 40px auto;
  /* centres the whole quiz */
  text-align: center;
}
#answers button {
  display: block;
  width: 100%;
  margin: 6px 0;
  padding: 10px;
  border: 1px solid #ccc;
  cursor: pointer;
  transition: background 0.2s;
}
#answers button:hover {
  background: #ececec;
}
button.right {
  background: #4caf50;
  color: #fff;
}
button.wrong {
  background: #f44336;
  color: #fff;
}
```

이제 퀴즈는 가운데 정렬되고 답안에 커서를 가져가면 강조 표시되며 정답/오답은 색상으로 구분됩니다.

추가로 시도해 볼 수 있는 아이디어

- 질문 전환 시 은은한 애니메이션 효과를 적용합니다.

완성한 작업

이제 실시간으로 사용자의 점수를 계산하는 대화형 퀴즈를 만들었습니다.

기능 요약

- 객관식 질문
- 즉각적인 답안 피드백
- 점수 기록
- 결과 화면

보너스 과제

- 외부 API에서 질문을 가져옵니다.
- 각 질문에 대한 카운트다운 타이머를 추가합니다.
- 정답에 대한 해설을 보여 줍니다.

Tutorial 20
피트니스 트래커 대시보드 만들기

목표

사용자가 활동량에 대한 일일 스냅샷을 볼 수 있도록 합니다.

- 걸음 수, 칼로리, 운동 시간을 기록합니다.

- 진행 상황을 꺾은선 그래프로 확인합니다.
- 주간 평균 기록을 확인합니다.
- 다음 방문을 위해 데이터를 로컬에 저장합니다.

도구

- HTML/CSS/자바스크립트
- Chart.js
- 기본 코드 에디터(예: 코드펜, 레플릿)

익힐 기술

- 폼 입력 처리
- 데이터 집계
- 날짜 작업
- 차트 렌더링
- 반응형 그리드 디자인

1단계: 대시보드 레이아웃 만들기

프롬프트

세 가지 지표 카드(걸음 수, 칼로리, 시간)와 꺾은선 그래프 영역이 있는 HTML 페이지를 설정해 줘.

예시 응답 코드: 기본 대시보드 기본 구조

```
<section id="metrics">
  <div class="metric" id="steps">0 걸음 수</div>
  <div class="metric" id="calories">0 칼로리</div>
  <div class="metric" id="minutes">0 시간</div>
</section>
<canvas id="trend"></canvas>
```

이제 세 가지 지표를 표시할 자리가 생겼습니다.

추가로 시도해 볼 수 있는 아이디어

➢ 각 지표 카드에 아이콘을 추가합니다.

2단계: 입력 양식 만들기

프롬프트

오늘의 걸음 수, 칼로리, 운동 시간을 입력할 입력란과 '저장' 버튼이 있는 양식을 추가해 줘.

예시 응답 코드: 간단한 입력 양식 구조

```
<form id="entry">
  <input id="inSteps" type="number" placeholder="Steps">
  <input id="inCal" type="number" placeholder="Calories">
  <input id="inMin" type="number" placeholder="Minutes">
  <button>저장</button>
</form>
```

이제 사용자는 일일 데이터를 입력할 수 있습니다.

추가로 시도해 볼 수 있는 아이디어

➢ 숫자가 양수인지 검증하는 유효성 검사를 추가합니다.

3단계: 기록을 저장하고 지표를 업데이트하기

프롬프트

각 날짜의 기록을 `localStorage`에 저장하고 총계와 평균을 다시 계산해 줘.

예시 응답 코드: 간단한 저장과 새로고침 패턴

```
const days = JSON.parse(localStorage.getItem('fit-days') || '[]');
function updateUI() {
  const today = days[days.length - 1] || {
    steps: 0,
    cal: 0,
    min: 0
  };
  steps.textContent = today.steps + ' Steps';
  calories.textContent = today.cal + ' kcal';
  minutes.textContent = today.min + ' min';
}
entry.onsubmit = e => {
  e.preventDefault();
  const day = {
    date: new Date().toISOString().slice(0, 10),
    steps: +inSteps.value,
    cal: +inCal.value,
    min: +inMin.value};
  days.push(day);
  localStorage.setItem('fit-days', JSON.stringify(days));
  updateUI();
};
updateUI();
```

이제 데이터가 저장될 때마다 지표가 업데이트됩니다.

추가로 시도해 볼 수 있는 아이디어

➢ 같은 날짜에 중복으로 기록할 수 없게 합니다.

4단계: 주간 추세선 그리기

프롬프트

Chart.js를 사용하여 최근 7일간의 걸음 수를 꺾은선 그래프로 그려 줘.

예시 응답 코드: Chart.js 렌더링 함수

```
new Chart(document.getElementById('trend'), {
  type: 'line',
  data: {
    labels: weekDates,
    datasets: [{
      data: weekSteps
    }]
  }
});
```

이제 사용자는 진행 상황을 한눈에 확인할 수 있습니다.

추가로 시도해 볼 수 있는 아이디어

➢ 칼로리와 시간을 추가 데이터세트로 추가합니다.

5단계: 주간 평균 계산하기

프롬프트

차트 아래에 지난주 평균 걸음 수, 칼로리, 시간(minutes)을 보여 줘.

예시 응답 코드: 자바스크립트 계산

```
avgSteps.textContent = Math.round(sum / 7) + ' avg steps';
```

이제 대시보드에서 평균값을 확인할 수 있습니다.

추가로 시도해 볼 수 있는 아이디어

➢ 목표를 달성하면 평균값을 초록색으로 표시합니다.

6단계: 대시보드 스타일링하기

프롬프트

데스크톱에서는 카드가 한 줄로, 모바일에서는 세로로 쌓이게 만들어 줘.

예시 응답 코드: CSS 그리드 구현

```
#metrics {
  display: grid;
  grid-template-columns: repeat (auto-fit, minmax (110px, 1fr));
  gap: 1rem;
}
.metric {
  background: #efefef;
  padding: 1rem;
  border-radius: 6px;
  text-align: center;
}
```

이제 피트니스 트래커가 모든 기기에서 세련되게 보입니다.

추가로 시도해 볼 수 있는 아이디어

➢ 카드에 음영을 약하게 넣습니다.

완성한 작업

이제 활동을 기록하고 진행 상황을 시각화하는 피트니스 트래커를 완성했습니다.

기능 요약

➢ 일일 활동 기록

➢ 최근 7일간의 꺾은선 그래프

➢ 주간 평균 기록

- `localStorage`에 데이터 저장
- 반응형 그리드 레이아웃

보너스 과제

- 개인 목표를 설정하고 진행 상황을 링 차트로 보여 줍니다.
- 데이터를 CSV로 내보냅니다.
- 스마트폰의 만보기 API와 동기화합니다.

Tutorial 21
이벤트 카운트다운 타이머 만들기

목표

사용자가 중요한 날짜를 추적할 수 있게 합니다.

- 카운트다운을 여러 개 설정합니다.
- 남은 일, 시, 분, 초를 보여 줍니다.
- 시간이 되면 알림을 받습니다.
- 세션 사이에도 카운트다운을 저장합니다.

도구

- HTML/CSS/자바스크립트
- 기본 코드 에디터(예: 코드펜, 레플릿)

익힐 기술

- Date 객체 작업
- `setInterval` 업데이트
- 로컬 스토리지
- 동적 목록 렌더링

1단계: 카운트다운 목록 배치하기

프롬프트

> 이벤트 이름 입력, 날짜 선택기, '추가' 버튼, 비어 있는 목록 영역이 포함된 HTML 페이지를 만들어 줘.

예시 응답 코드: 간단한 웹 페이지 기본 구조

```
<input id="title" placeholder="Event name">
<input id="when" type="datetime-local">
<button id="add">추가</button>
<ul id="list"></ul>
```

이제 카운트다운을 추가할 자리가 생겼습니다.

추가로 시도해 볼 수 있는 아이디어

➢ 날짜 선택기의 기본값을 일주일 뒤로 설정합니다.

2단계: 목록에 카운트다운 추가하기

프롬프트

> '추가' 버튼을 누르면 이벤트 이름과 남은 시간을 표시하는 목록이 추가되도록 해 줘.

예시 응답 코드: 이벤트 배열, 렌더링 보조 함수, 클릭 핸들러

```
const events = [];
function render() {
  list.innerHTML = events.map(ev => `<li><strong>${ev.t}</strong>
<span class="time">...</span></li>`).join('');
}
add.onclick = () => {
  const ev = {
    t: title.value,
    d: new Date(when.value),
```

```
    done: false };
  events.push(ev);
  save();
  render();
  title.value = '';
};
function save() {
  localStorage.setItem('evts', JSON.stringify(events));
}
```

이제 이벤트가 목록에 나타나고 실시간 카운트다운을 위한 스팬[24] (span)이 함께 추가됩니다.

추가로 시도해 볼 수 있는 아이디어

➤ 카운트다운을 추가하면 내용 입력란을 지워 보세요.

3단계: 남은 시간을 매초마다 업데이트하기

프롬프트

setInterval로 각 이벤트의 남은 시간을 다시 계산하고 표시해 줘.

예시 응답 코드: 실시간 업데이트와 포매터

```
function fmt(ms) {
  const s = Math.max(0, Math.floor(ms / 1000));
  const d = Math.floor(s / 86400);
  const h = Math.floor((s % 86400) / 3600);
  const m = Math.floor((s % 3600) / 60);
  const sec = s % 60;
  return `${d}d ${h}h ${m}m ${sec}s`;
}
setInterval(() => {
  list.querySelectorAll('li').forEach((li, i) => {
    const diff = events[i].d - Date.now();
    li.querySelector('.time').textContent = fmt (diff);
```

24 (옮긴이) 특정 기능을 추가하기 위한 작은 칸

```
  });
}, 1000);
```

이제 사용자는 초 단위로 시간이 줄어드는 모습을 확인할 수 있습니다.

추가로 시도해 볼 수 있는 아이디어

➢ 끝난 이벤트는 회색으로 표시합니다.

4단계: 시간이 다 되었을 때 알림 보내기

프롬프트

> 카운트다운이 0이 되면 이벤트가 시작된다는 알림을 보내 줘.

예시 응답 코드: 자바스크립트 기반 알림 함수

```
if (diff <= 0 && !ev.done) {
  alert(`${ev.t} is happening now!`);
  ev.done = true;
}
```

이제 사용자에게 알림이 확실하게 전달됩니다.

추가로 시도해 볼 수 있는 아이디어

➢ 권한이 허용되면 시스템 알림을 활성화합니다.

완성한 작업

이제 시간이 되면 알려 주는 여러 이벤트 카운트다운 타이머를 만들었습니다.

기능 요약

- 카운트다운 무제한 추가
- 실시간으로 남은 시간 업데이트하기
- 카운트다운 완료 시 알림
- `localStorage`에 데이터 보관하기

보너스 과제

- 이벤트를 편집하거나 삭제할 수 있도록 합니다.
- 이벤트를 종류에 따라 색상으로 구분합니다.
- 가장 빨리 시작하는 이벤트를 앞에 정렬합니다.

Tutorial 22

영화 추천 시스템 만들기

목표

사용자가 좋아할 만한 영화를 제안합니다.

- 외부 영화 API를 검색합니다.
- 사용자가 영화에 '좋아요'를 누를 수 있게 합니다.
- 좋아하는 장르의 영화를 추천합니다.
- 마음에 드는 영화를 로컬에 저장합니다.

도구

- HTML/CSS/자바스크립트
- OMDB 또는 TMDB API(무료 영화 데이터베이스)
- 기본 코드 에디터(예: 코드펜, 레플릿)

익힐 기술

- ➢ 페치(fetch) API 요청
- ➢ API 키 다루기
- ➢ 배열 필터링과 매핑
- ➢ 로컬 스토리지
- ➢ 카드 기반 UI 디자인

1단계: 검색 UI 만들기

프롬프트

텍스트 입력란과 '검색' 버튼이 있는 HTML 검색 바, 결과를 표시할 빈 div를 만들어 줘.

예시 응답 코드: 기본 양식과 결과 컨테이너

```
<form id="search">
  <input id="query" type="text" placeholder="Search movies..."
aria-label="Movie title">
  <button id="go" type="button">검색</button>
</form>
<div id="results"></div>
```

이제 작동하는 검색 바와 결과를 표시할 영역이 준비됐습니다.

추가로 시도해 볼 수 있는 아이디어

- ➢ Enter 키를 눌렀을 때 검색이 시작되도록 합니다.

2단계: API에서 영화 가져오기

프롬프트

검색하면 상위 10개의 결과를 포스터와 제목이 들어간 카드로 보여 줘.

예시 응답 코드: 간단한 이벤트 리스너, API 요청, 카드 렌더러

```
const results = document.getElementById('results');
const apiKey = 'YOURKEY';
function showCard(m) {
  results.insertAdjacentHTML('beforeend', `<div class="card"><img
src="${m.Poster}" alt="${m.Title}"><p>${m.Title} </p><button
onclick="like('${m.imdbID}')">♥</button></div>`);
}
go.onclick = () => {
  const q = query.value.trim();
  if (!q) return;
  results.innerHTML = 'Loading...';
  fetch(`https://www.omdbapi.com/?apikey=${apiKey}&s=${encodeURICom
ponent(q)}`)
    .then(r => r.json())
    .then (d => {
      results.innerHTML = '';
      (d.Search || []).slice(0, 10).forEach (showCard);
    })
    .catch(() => results.textContent = 'No results');
};
```

이제 결과가 영화 카드 UI 형태로 시각화되어 표시됩니다.

추가로 시도해 볼 수 있는 아이디어

➢ 결과가 없을 때를 구현해 보세요.

3단계: 사용자가 영화에 '좋아요'를 표시하기

프롬프트

각 카드에 '하트' 버튼을 추가하고 이를 클릭하면 해당 영화를 저장해 줘.

예시 응답 코드: 클릭 함수

```
function like(id) {
  const f = JSON.parse(localStorage.getItem('favs') || '[]');
```

```
    if (!f.includes (id)) {
      f.push(id);
      localStorage.setItem('favs', JSON.stringify(f));
    }
}
```

이제 시청자는 즐겨찾기를 저장할 수 있습니다.

추가로 시도해 볼 수 있는 아이디어

➢ '좋아요'를 클릭하면 하트가 채워진 아이콘으로 변경됩니다.

4단계: 좋아하는 장르 분석하기

프롬프트

사용자가 좋아하는 상위 장르를 보여 줘.

예시 응답 코드: 쿼리

```
const counts = {};
favs.forEach (m => m.Genre.split(', ').forEach(g => counts[g] =
(counts[g] || 0) + 1));
const top = Object.entries (counts).sort((a, b) => b[1] - a[1]).
slice(0, 2).map(g => g[0]);
```

이제 사용자가 좋아하는 장르를 알 수 있습니다.

추가로 시도해 볼 수 있는 아이디어

➢ 좋아하는 장르를 화면에 표시합니다.

5단계: 새로운 영화 추천하기

프롬프트

> 과거 기록을 기반으로 사용자가 가장 좋아할 만한 영화를 추천해 줘.

예시 응답 코드: 리스트 가져오기 코드와 렌더링 함수

```
fetchRec(top[0]).then(list => list.forEach (showRecCard));
```

이제 새로운 영화를 추천합니다.

추가로 시도해 볼 수 있는 아이디어

➤ 이미 '좋아요'를 누른 영화는 추천 대상에서 제외하세요.

6단계: 상태를 저장하고 불러오기

프롬프트

> 페이지가 시작되면 즐겨찾기를 불러오고 즐겨찾기 목록과 추천 목록을 모두 새로고침해 줘.

예시 응답 코드: `localStorage`에 데이터를 저장하는 함수

```
const favs = JSON.parse(localStorage.getItem('favs') || '[]');
renderFavs();
updateRecs();
```

이제 앱은 사용자의 데이터를 저장해 개인 맞춤형 앱 같은 느낌을 줍니다.

추가로 시도해 볼 수 있는 아이디어

➢ 즐겨찾기에 '삭제' 버튼을 추가해 보세요.

7단계: 영화 카드 스타일링하기

프롬프트

스마트폰에서는 포스터를 두 열, 데스크톱에서는 네 열로 보여 줘.

예시 응답 코드: CSS 그리드 규칙

```
#results, #recs {
  display: grid;
  grid-template-columns: repeat (auto-fill, minmax (140px, 1fr));
  gap: 1rem;
}
.card img {
  width: 100%;
  border-radius: 6px;
}
```

이제 영화 앱이 스트리밍 서비스처럼 보입니다.

추가로 시도해 볼 수 있는 아이디어

➢ 포스터에 호버 시 애니메이션 효과를 보여 주는 기능을 추가해 보세요.

8단계: API 오류를 세련되게 처리하기

프롬프트

데이터가 로드되지 않을 때 다정한 말투의 메시지를 출력해 줘.

예시 응답 코드: 자바스크립트 알림 함수

```
catch(err => results.textContent = 'Oops, something went wrong.
Please try again.');
```

사용자 경험을 계속해서 긍정적으로 받아들이게 합니다.

추가로 시도해 볼 수 있는 아이디어

- 재시도할 때 지수 백오프(exponential backoff)[25]를 구현합니다.

완성한 작업

이제 사용자의 취향을 학습하여 새로운 영화를 추천하는 영화 발견하기(movie finder) 앱을 만들었습니다.

기능 요약

- API 기반 영화 검색
- '좋아요'와 즐겨찾기 저장하기
- 장르 기반 추천
- 즐겨찾기 목록에 저장하기
- 반응형 포스터 그리드

보너스 과제

- 유튜브에서 임베드 코드를 활용해 예고편을 재생합니다.
- 카드에 IMDb(인터넷 영화 데이터베이스) 평점을 나타냅니다.
- 앱에서 영화를 평가할 수 있도록 합니다.

25 (옮긴이) 네트워크나 서버 요청 등에서 오류가 발생했을 때 재시도 간의 대기 시간을 점진적으로 (지수적으로) 늘려 가면서 재시도를 수행하는 알고리즘

Tutorial 23
더치페이 앱 만들기

목표

다음을 함으로써 사용자가 그룹 경비를 공평하게 분할하도록 합니다.

- ➢ 참가자 이름을 추가합니다.
- ➢ 함께 쓴 경비를 입력합니다.
- ➢ 개인이 빌렸거나 받을 금액을 계산합니다.
- ➢ 최종적으로 남은 금액을 옮겨 적습니다.

도구

- ➢ HTML/CSS/자바스크립트
- ➢ 기본 코드 에디터(예: 코드펜, 레플릿)

익힐 기술

- ➢ 배열 계산
- ➢ 동적 테이블 만들기
- ➢ 폼 핸들링
- ➢ 클립보드 API

1단계: 참가자 목록 만들기

프롬프트

이름 입력란과 '사람 추가' 버튼을 만들어 목록에 이름을 넣게 해 줘.

예시 응답 코드: 기본 HTML 구조

```
<input id="pName" placeholder="Name"><button
id="addP">사람 추가</button>
<ul id="people"></ul>
```

이제 참가자 목록에 원하는 이름을 넣을 수 있습니다.

추가로 시도해 볼 수 있는 아이디어

➢ 같은 이름은 넣지 않도록 하세요.

2단계: 경비 양식 추가하기

프롬프트

설명, 금액, 결제자 입력란, '경비 추가' 버튼을 추가해 줘.

예시 응답 코드: HTML로 만든 내용 입력란과 버튼 요소

```
<input id="desc" placeholder="Dinner">
<input id="amt" type="number" step="0.01" placeholder="Amount">
<select id="payer"></select>
<button id="addE">경비 추가</button>
<table id="exp"></table>
```

이제 사용자는 경비를 기록할 수 있습니다.

추가로 시도해 볼 수 있는 아이디어

➢ 결제자 목록에 참가자 이름을 자동으로 채웁니다.

3단계: 잔액 계산하기

프롬프트

> 각 사람이 지불한 금액에서 공평하게 내야 할 금액을 뺀 것의 합을 코드로 작성하고 잔액을 표로 보여 줘.

예시 응답 코드: 간단한 잔액 계산기와 표에 잔액을 표시하는 렌더러 코드

```
const people = [];
const expenses = [];
function addExpense(desc, amount, payer) {
  expenses.push({
    desc,
    amount: +amount,
    payer
  });
}
function renderBalances() {
  const bal = {};
  people.forEach(n => bal[n] = 0);
  expenses.forEach(e => {
    const share = e.amount / people.length;
    bal[e.payer] += e.amount - share;
    people.filter(n => n !== e.payer).forEach(n => bal[n] -=
share);
  });
  exp.innerHTML = Object.entries (bal).map(([n, v]) =>
`<tr><td>${n}</td><td>${v.toFixed(2)}</td></tr>`).join('');
}
```

이제 누가 무엇을 빌렸는지 알 수 있으며 이는 표에 표시됩니다.

추가로 시도해 볼 수 있는 아이디어

➢ 잔액이 마이너스면 빨간색, 플러스면 초록색으로 표시합니다.

4단계: 결과를 클립보드에 복사하기

프롬프트

'요약 복사' 버튼을 추가하여 각 잔액을 클립보드에 복사해 줘.

예시 응답 코드: 클립보드 복사 함수

```
navigator.clipboard.writeText(summaryText);
```

이제 정산이 간편해졌습니다.

추가로 시도해 볼 수 있는 아이디어

➢ '복사됨!'을 토스트 알림으로 표시합니다.

5단계: 앱 스타일링하기

프롬프트

입력란을 한 줄에 정렬하고 각 입력란 주위에 테두리를 추가해 줘.

예시 응답 코드: CSS 스타일링 규칙

```
table {
  border-collapse: collapse;
  width: 100%;
}
th, td {
  border: 1px solid #ccc;
  padding: 4px;
}
```

이제 경비 분할 앱이 깔끔하고 편리해 보입니다.

추가로 시도해 볼 수 있는 아이디어

- 미디어 쿼리를 이용하여 레이아웃을 모바일용으로 만들어 보세요.

완성한 작업

이제 그룹 청구서를 처리하는 명확한 경비 분할 앱을 만들었습니다.

기능 요약

- 참가자와 경비 추가하기
- 자동으로 잔액 계산하기
- 클립보드에 잔액 복사하기
- 깔끔한 테이블 레이아웃

보너스 과제

- CSV에서 경비를 가져옵니다.
- 백분율을 사용해 공평하지 않은 분할을 처리합니다.
- PDF 보고서를 만듭니다.

Tutorial 24
포트폴리오 웹사이트 빌더 만들기

목표

사용자가 간단한 개인 웹사이트를 만들 수 있도록 다음 기능을 구현합니다.

- 양식에 입력하면 자동으로 페이지 섹션 만들기
- 여러 프로젝트를 동적으로 추가하기
- 페이지 내에서 부드럽게 탐색하는 기능 제공하기
- 완성된 HTML 내보내기

도구

- ➢ HTML/CSS/자바스크립트
- ➢ 기본 코드 에디터(예: 코드펜, 레플릿)

익힐 기술

- ➢ 템플릿 리터럴[26]
- ➢ DOM 삽입
- ➢ 앵커 링크 탐색
- ➢ 파일 다운로드 구현

1단계: 입력 양식 디자인하기

프롬프트

이름, 간단한 자기소개, 프로젝트 세부 정보를 입력하는 칸과 '프로젝트 추가' 버튼이 있는 패널을 옆에 추가해 줘.

예시 응답 코드: 간단한 HTML 페이지 구조

```
<aside id="builder">
  <input id="name" placeholder="Your name">
  <textarea id="bio" placeholder="Short bio"></textarea>
  <h3>프로젝트 추가</h3>
  <input id="pTitle" placeholder="Project title">
  <textarea id="pDesc" placeholder="Project description"></
textarea>
  <input id="pLink" placeholder="Project link">
  <button id="addProj">프로젝트 추가</button>
</aside>
<main id="preview">
  <section id="about">
    <h1>이름</h1>
    <p id="bioText"></p>
  </section>
```

26 (옮긴이) 자바스크립트에서 문자열을 더 편리하게 작성할 수 있는 문법

```
  <section id="projects"></section>
</main>
```

이제 사이드바에 정보를 입력하면 실시간으로 미리 보기 영역에 표시되는 구조가 완성되었습니다.

추가로 시도해 볼 수 있는 아이디어

➢ 아래 쪽에 '저장/다운로드' 버튼을 추가해 보세요.

2단계: 실시간 미리 보기 렌더링하기

프롬프트

입력할 때마다 이름이 제목에, 자기소개가 본문에 바로 반영되게 해 줘.

예시 응답 코드: 미리 보기 렌더링 함수

```
const preview = document.getElementById('preview');
nameInput.oninput = () => preview.querySelector('h1').textContent =
nameInput.value;
bio.oninput = () => preview.querySelector('#bioText').textContent =
bio.value;
```

이제 입력할 때마다 이름과 자기소개가 실시간으로 업데이트되어 미리 보기에 즉시 반영됩니다.

추가로 시도해 볼 수 있는 아이디어

➢ 업데이트에 디바운스 처리를 추가해 성능을 개선하세요.

3단계: 프로젝트를 동적으로 추가하기

프롬프트

'프로젝트 추가'를 클릭하면 제목, 설명, 링크가 포함된 새 프로젝트 상자가 미리 보기 창에 나타나게 해 줘.

예시 응답 코드: 자바스크립트 클릭 함수

```
addProj.onclick = () => {
  const card = `<article><h2>${pTitle.value}</h2><p>${pDesc.
value}</p><a href="${pLink.value}">보기</a></article>`;
  preview.querySelector('#projects').
insertAdjacentHTML('beforeend', card);
};
```

이제 프로젝트가 실시간으로 쌓입니다.

추가로 시도해 볼 수 있는 아이디어

➢ 추가 후 프로젝트 필드를 삭제해 보세요.

4단계: 페이지 내에서 부드럽게 이동하기

프롬프트

페이지 위에 소개, 프로젝트 섹션으로 부드럽게 스크롤 이동하는 링크를 추가해 줘.

예시 응답 코드: 간단한 CSS 스크롤 규칙

```
html {
  scroll-behavior: smooth;
}
```

이제 클릭하면 부드럽게 스크롤 이동되어 세련되고 전문적인 사용자 경험을 제공합니다.

추가로 시도해 볼 수 있는 아이디어

- 현재 보고 있는 섹션에 해당하는 내비게이션 링크를 강조 표시해 보세요.

완성한 작업

실시간 미리 보기와 여러 프로젝트 추가 기능을 갖춘 기본 포트폴리오 생성기를 만들었습니다.

기능 요약

- 실시간 데이터 기반 미리 보기
- 무제한 프로젝트 카드 추가
- 부드러운 스크롤 내비게이션
- 사이드바 입력 패널 인터페이스

보너스 과제

- 'HTML 다운로드' 버튼을 만듭니다.
- 테마 색상 선택기를 추가합니다.
- 프로젝트에 이미지 업로드 기능을 추가합니다.

Tutorial 25
피트니스 운동 계획 앱 만들기

목표

웹 기반 운동 플래너를 만들어 사용자가 다음을 할 수 있게 합니다.

- 세트, 반복 횟수와 함께 운동을 추가하기
- 운동을 일일 목록으로 정리하기
- 브라우저에 운동 계획을 저장하기

도구

- HTML/CSS/자바스크립트
- 브라우저의 `localStorage`

익힐 기술

- 폼 입력 다루기
- 동적 목록 렌더링
- `localStorage`에 데이터 저장

1단계: 운동 입력 양식 만들기

프롬프트

운동 이름, 세트, 반복 횟수 입력란과 '운동 추가' 버튼이 있는 웹 페이지를 만들어 줘.

예시 응답 코드: 간단한 양식

```
<div id="workout-builder">
  <input id="exercise-name" placeholder="Exercise e.g., Push-ups">
  <input id="exercise-sets" type="number" placeholder="Sets">
  <input id="exercise-reps" type="number" placeholder="Reps">
  <button id="add-exercise">운동 추가</button>
  <ul id="exercise-list"></ul>
</div>
```

이제 운동에 대한 사항을 입력할 공란이 생겼습니다.

추가로 시도해 볼 수 있는 아이디어

➢ 각 입력란 위에 레이블을 둡니다.

2단계: 목록에 운동 추가하기

프롬프트

'운동 추가'를 클릭하면 상세 정보가 목록에 새 항목으로 나타나는 코드를 추가해 줘.

예시 응답 코드: 클릭 핸들러

```
document.getElementById('add-exercise').addEventListener('click',
() => {
  const name = document.getElementById('exercise-name').value.
trim();
  const sets = document.getElementById('exercise-sets').value;
  const reps = document.getElementById('exercise-reps').value;
  if (name && sets && reps) {
    const li = document.createElement('li');
    li.textContent = `${name} - ${sets} x ${reps}`;
    document.getElementById('exercise-list').appendChild(li);
  }
});
```

이제 운동이 목록에 나타납니다.

추가로 시도해 볼 수 있는 아이디어

➢ 추가 후 입력란을 지웁니다.

3단계: 삭제와 편집 활성화하기

프롬프트

각 운동 목록 옆에 작은 '삭제' 버튼을 넣고 텍스트를 클릭해 편집할 수 있게 해 줘.

예시 응답 코드: 이벤트 위임 예시

```
document.getElementById('exercise-list').addEventListener('click',
e => {
  if (e.target.className === 'delete') {
    e.target.parentElement.remove();
  } else if (e.target.tagName === 'LI') {
    const updated = prompt ('Change exercise:', e.target.
firstChild.textContent);
    if (updated) e.target.firstChild.textContent = updated;
  }
});
```

이제 운동을 삭제하거나 수정할 수 있습니다.

추가로 시도해 볼 수 있는 아이디어

➤ 삭제하기 전에 확인을 요청하는 기능을 구현해 보세요.

4단계: 계획을 로컬에 저장하기

프롬프트

브라우저에 운동 목록을 저장하고 다음에 페이지를 열 때 불러오게 해 줘.

예시 응답 코드: 간단한 데이터 저장 보조 도구

```
function savePlan() {
  const items = [...document.querySelectorAll('#exercise-list li')]
     .map(li => li.firstChild.textContent);
  localStorage.setItem('workout', JSON.stringify(items));
}
function loadPlan() {
  const saved = JSON.parse (localStorage.getItem('workout') ||
'[]');
  saved.forEach (text => {
    const li = document.createElement('li');
    li.textContent = text;
    document.getElementById('exercise-list').
```

```
appendChild(li);
  });
}
window.addEventListener('load', loadPlan);
window.addEventListener('beforeunload', savePlan);
```

이제 페이지를 새로고침해도 운동 계획 목록이 유지됩니다.

추가로 시도해 볼 수 있는 아이디어

➢ 간단한 백엔드로 여러 기기에서 계획을 동기화합니다.

5단계: 레이아웃 정돈하기

프롬프트

깔끔한 카드, 여유 있는 입력란, 굵은 목록 글꼴로 플래너를 스타일링해 줘.

예시 응답 코드: 간단한 CSS 블록

```
#workout-builder {
  max-width: 450px;
  margin: 30px auto;
  padding: 20px;
  background: #f7f7f7;
  border-radius: 8px;
  box-shadow: 0 2px 6px rgba(0,0,0,.1);
}
#workout-builder input,
#workout-builder button {
  margin: 6px 0;
  padding: 10px;
  font-size: 14px;
}
#exercise-list li {
  margin-top: 8px;
  font-weight: bold;
}
```

운동 계획 앱이 정돈되어 보이고 모바일에서도 보기 편해졌습니다.

추가로 시도해 볼 수 있는 아이디어

➢ 근육 부위를 구분할 수 있도록 색상을 정합니다.

완성한 작업

언제든지 수정할 수 있으며 간단하면서도 저장 기능이 있는 운동 계획 앱을 만들었습니다.

기능 요약

➢ 세트, 반복 횟수와 함께 운동 추가하기

➢ 모든 항목 편집 또는 삭제하기

➢ `localStorage`에 운동 저장하기

➢ 깔끔한 반응형 디자인

보너스 과제

➢ 계획을 인쇄할 수 있도록 PDF로 내보내기합니다.

➢ 친구들과 공유할 계획 링크를 만듭니다.

➢ 총 운동량을 자동으로 측정합니다.

Tutorial 26
인터랙티브 스토리 게임 만들기

목표

플레이어가 다음을 할 수 있는 가벼운 눈기형 스토리 게임을 만듭니다.

➢ 한 번에 한 장면씩 이야기 텍스트 읽기

➢ 이야기가 바뀌는 두 가지 선택지 중 하나를 선택하기

- 언제든지 모험을 다시 시작하기

도구

- HTML/CSS/자바스크립트
- 기본 코드 에디터(예: 코드펜, 레플릿)

익힐 기술

- 데이터를 객체로 구성하기
- 버튼 이벤트 처리
- 간단한 상태 관리
- DOM을 동적으로 업데이트

1단계: 이야기 인터페이스 구성하기

프롬프트

> 큰 이야기 상자와 선택 1, 선택 2라고 쓰인 버튼 두 개가 있는 웹 페이지를 만들어 줘.

예시 응답 코드: 기본 레이아웃

```
<main id="game">
  <p id="story-text">모험을 시작하세요...</p>
  <button id="choice1">선택 1</button>
  <button id="choice2">선택 2</button>
</main>
```

이제 장면과 선택지를 표시할 자리가 생겼습니다.

추가로 시도해 볼 수 있는 아이디어

- 이야기 텍스트 위에 제목을 추가합니다.

2단계: 이야기 데이터 정의하기

프롬프트

각 장면의 텍스트와 각 선택지에 따른 다음 장면의 인덱스를 저장하는 자바스크립트 객체를 만들어 줘.

예시 응답 코드: 간단한 데이터 구조

```
const story = [{
    text: '숲에서 깨어났다. 왼쪽으로 갈까? 오른쪽으로 갈까?',
    a: 1,
    b: 2
  },
  {
    text: '길이 강 때문에 막혀 있다. 수영해서 건널까? 뗏목을 만들어서 건널까? ',
    a: 3,
    b: 4
  },
  {
    text: '여행자를 마주쳤다. 대화할까? 무시할까 ?',
    a: 4,
    b: 5
  },
  {
    text: '수영으로 안전하게 강을 건넜다. 모험이 계속된다...',
    a: null,
    b: null
}, {
  text: '친절한 마을에 도착했다. 이야기 끝.',
  a: null,
  b: null
}, {
  text: '영원히 길을 잃었다. 이야기 끝.',
  a: null,
  b: null
}];
```

이야기 데이터가 준비되었습니다.

추가로 시도해 볼 수 있는 아이디어

➢ 장면을 더 늘려 구성을 탄탄하게 해 보세요.

3단계: 첫 장면 보여 주기

프롬프트

페이지가 로드되면 첫 장면의 텍스트가 스토리 박스에 나타나도록 코드를 작성해 줘.

예시 응답 코드: 화면 표시 보조 함수

```
let current = 0;
function showScene(index) {
  const scene = story [index];
  document.getElementById('story-text').textContent = scene.text;
  document.getElementById('choice1').textContent = 'A';
  document.getElementById('choice2').textContent = 'B';
  current = index;
}
window.addEventListener('load', () => showScene(0));
```

이제 오프닝 장면이 자동으로 표시됩니다.

추가로 시도해 볼 수 있는 아이디어

➢ 버튼에 힌트를 살짝 표시해 보세요.

4단계: 플레이어의 선택 처리하기

프롬프트

각 선택 버튼을 누르면 이야기에 지정된 다음 장면을 로드해 줘.

예시 응답 코드: 이벤트 리스너

```
['choice1', 'choice2'].forEach((id, i) => {
  document.getElementById(id).addEventListener('click', () => {
    const next = story[current][i === 0 ? 'a' : 'b'];
    if (next !== null) {
      showScene(next);
    } else {
      endGame();
    }
  });
});
```

이제 선택에 따라 모험이 달라집니다.

추가로 시도해 볼 수 있는 아이디어

➤ 선택 시 클릭음을 재생합니다.

5단계: 엔딩 후 다시 시작 기능 추가하기

프롬프트

이야기가 엔딩에 도달하면 '다시 하기' 버튼을 브여 주고 게임을 다시 시작할 수 있게 해 줘.

예시 응답 코드: 간단한 재시작 코드

```
function endGame() {
  document.getElementById('choice1').style.display = 'none';
  document.getElementById('choice2').textContent = 'Play Again';
  document.getElementById('choice2').onclick = () => location.
reload();
}
```

이제 플레이어는 스토리를 다시 시작할 수 있습니다.

추가로 시도해 볼 수 있는 아이디어

➢ 소셜 미디어에 엔딩을 공유하는 옵션을 제공합니다.

6단계: 모양과 느낌 다듬기

프롬프트

스토리 박스를 양피지 느낌 배경으로 꾸미고 화면 요소를 가운데 정렬하고 버튼에는 호버 효과를 넣어 줘.

예시 응답 코드: CSS로 꾸미기

```
#game {
  max-width: 600px;
  margin: 40px auto;
  padding: 20px;
  background: #fffbe6;
  border: 2px solid #d3b673;
  font-family: 'Georgia', serif;
  text-align: center;
}
#game button {
  margin: 10px;
  padding: 12px 20px;
  font-size: 16px;
  cursor: pointer;
}
#game button:hover {
  background: #d3b673;
  color: #fff;
}
```

이제 모험이 오래된 동화책처럼 보입니다.

추가로 시도해 볼 수 있는 아이디어

➢ 배경 음악을 추가해 보세요.

완성한 작업

순수 자바스크립트만으로 반복 플레이가 가능한 분기형 이야기 게임을 만들었습니다.

기능 요약

- 장면별로 이야기 보여 주기
- 장면당 두 가지 선택지 제시하기
- 엔딩에 도달하면 자동으로 다시 시작하기
- 동화책 스타일로 만들기

보너스 과제

- 각 장면에 삽화를 추가합니다.
- 플레이어의 이동 경로를 `localStorage`에 저장합니다.
- 세 개 이상의 선택지를 제공합니다.

Tutorial 27
음악 플레이리스트 관리자 만들기

목표

사용자가 다음을 할 수 있는 기본 웹 플레이리스트 관리자를 만듭니다.

- 노래 제목과 오디오 URL 추가하기
- 선택한 트랙 재생 또는 일시 정지하기
- 목록에서 노래 제거하기

도구

- HTML/CSS/자바스크립트
- HTML5의 기본 `<audio>` 요소

익힐 기술

- ➢ 사용자 양식 처리하기
- ➢ 오디오 재생 제어하기
- ➢ DOM을 동적으로 업데이트하기

1단계: 플레이리스트 레이아웃 만들기

프롬프트

노래 제목, 노래 URL을 입력할 입력란 두 개, '노래 추가' 버튼, 오디오 플레이어, 노래 목록을 담을 빈 목록이 있는 페이지를 만들어 줘.

예시 응답 코드: 초기 레이아웃

```
<div id="playlist-app">
  <input id="song-title" placeholder="Song Title">
  <input id="song-url" placeholder="Audio URL (mp3)">
  <button id="add-song">노래 추가</button>
  <ul id="playlist"></ul>
  <audio id="player" controls></audio>
</div>
```

이제 플레이리스트 관리자의 기본 구조가 만들어졌습니다.

추가로 시도해 볼 수 있는 아이디어

- ➢ 지원 형식에 대한 힌트를 주는 자리 표시자 텍스트를 추가합니다.

2단계: 목록에 노래 추가하기

프롬프트

'노래 추가'를 누르면 제목을 포함한 새 목록 항목이 생성되는 코드를 추가해 줘.

예시 응답 코드: 간단한 클릭 핸들러

```
document.getElementById('add-song').addEventListener('click', () =>
{
  const title = document.getElementById('song-title').value.trim();
  const url = document.getElementById('song-url').value.trim();
  if (title && url) {
    const li = document.createElement('li');
    li.textContent = title;
    li.dataset.url = url;
    li.innerHTML += ' <span class="delete">X</span>';
    document.getElementById('playlist').
appendChild(li);
  }
});
```

이제 노래가 플레이리스트에 나타납니다.

추가로 시도해 볼 수 있는 아이디어

- 필드가 비어 있으면 '추가' 버튼을 비활성화합니다.

3단계: 재생, 일시 정지, 삭제하기

프롬프트

> 노래 제목을 클릭하면 재생이 시작되고 한 번 더 클릭하면 일시 정지되게 해 줘. X를 클릭하면 삭제되게 해 줘.

예시 응답 코드: 이벤트 위임

```
const player = document.getElementById('player');
document.getElementById('playlist').addEventListener('click', e =>
{
  if (e.target.className === 'delete') {
    e.target.parentElement.remove();
    return;
  }
  if (e.target.tagName === 'LI') {
```

```
    const url = e.target.dataset.url;
    if (player.src !== url) {
      player.src = url;
      player.play();
    } else if (!player.paused) {
      player.pause();
    } else {
      player.play();
    }
  }
});
```

이제 트랙을 재생, 일시 정지, 삭제할 수 있습니다.

추가로 시도해 볼 수 있는 아이디어

➢ 현재 재생 중인 노래를 시각적으로 강조해서 표시합니다.

4단계: 플레이리스트 스타일링하기

프롬프트

관리자에 다크 테마를 적용하고 목록 항목은 대조를 살리고 호버 시 강조 표시를 추가해 줘.

예시 응답 코드: 간결한 CSS 블록

```
body {
  background: #1e1e1e;
  color: #eee;
  font-family: sans-serif;
}
#playlist-app {
  max-width: 500px;
  margin: 40px auto;
}
#playlist li {
  padding: 8px;
  cursor: pointer;
```

```
}
#playlist li:hover {
  background: #333;
}
.delete {
  color: #f55;
  margin-left: 6px;
  cursor: pointer;
}
```

이제 플레이리스트가 세련되고 현대적으로 보입니다.

추가로 시도해 볼 수 있는 아이디어

- CSS 그리드로 입력란을 깔끔하게 정렬해 보세요.

완성한 작업

이제 노래를 추가, 재생, 일시 정지, 삭제할 수 있는 간단한 플레이리스트 관리자를 만들었습니다.

기능 요약

- 노래를 추가하는 양식
- 클릭해서 재생하는 오디오 플레이어
- 각 노래마다 삭제 옵션
- 다크 테마 스타일

보너스 과제

- 드래그로 재생 순서를 바꿉니다.
- 목록을 `localStorage`에 저장합니다.
- 노래 길이를 자동으로 표시합니다.

Tutorial 28
날씨 경보 시스템 만들기

목표

사용자가 다음을 할 수 있도록 날씨 경보를 보내는 간단한 페이지를 만듭니다.

- ➢ 위치를 입력하거나 인식하기
- ➢ API로 악천후 확인하기
- ➢ 화면 경보와 푸시 알림 받기

도구

- ➢ HTML/CSS/자바스크립트
- ➢ OpenWeatherMap One Call API(무료 버전)

익힐 기술

- ➢ 원격 데이터 가져오기
- ➢ JSON 구문 분석과 조건문
- ➢ 예약 작업 반복하기
- ➢ Notifications API 사용하기

1단계: 사용자의 위치 수집하기

프롬프트

도시명 입력란과 위치 정보(GPS)를 가져오려고 시도하는 '현재 위치' 버튼을 추가해 줘.

예시 응답 코드: 기본 입력 행 코드

```
<div id="location-picker">
  <input id="city" placeholder="도시명 입력. 예: 서울">
  <button id="detect">현재 위치</button>
  <button id="check">날씨 확인</button>
</div>
<section id="alerts"></section>
```

이제 사용자가 위치를 입력하거나 인식할 수 있는 방법이 생겼습니다.

추가로 시도해 볼 수 있는 아이디어

➢ 지리 위치를 알 수 없으면 '인식' 버튼을 숨겨 보세요.

2단계: 현재 날씨 데이터 가져오기

프롬프트

도시 또는 위도와 경도를 받아 OpenWeatherMap에서 날씨를 불러오고 결과를 기록하는 코드를 작성해 줘.

예시 응답 코드: 날씨를 불러오는 간단한 코드

```
async function fetchWeather(query) {
  const apiKey = 'YOUR_API_KEY';[27]
  const url = `https://api.openweathermap.org/data/2.5/weather?${query}&units=metric&appid=${apiKey}`;
  const res = await fetch(url);
  return res.json();
}
```

이제 실시간으로 날씨 데이터를 검색할 수 있습니다.

27 (옮긴이) OpenWeatherMap.org에서 회원 가입 후 무료로 사용할 수 있는 API 키를 발급받아서 YOUR_API_KEY 대신 입력해야 합니다.

추가로 시도해 볼 수 있는 아이디어

➢ 잘못된 요청에 대한 오류 처리를 추가해 보세요.

3단계: 심각한 날씨 조건 감지하기

프롬프트

> 날씨 정보에 천둥과 번개, 눈, 경보 같은 단어가 포함되어 있으면 경고 메시지를 띄워 줘.

예시 응답 코드: 간단한 확인 코드

```
function hasSevereWeather (data) {
  return /thunderstorm|snow|extreme/i.test(data.weather[0].
description);
}
```

이제 앱으로 악천후를 감지할 수 있습니다.

추가로 시도해 볼 수 있는 아이디어

➢ 풍속과 습도 임계치를 확인해 보세요.

4단계: 경보 메시지 표시하기

프롬프트

> 악천후가 감지될 때마다 위치 입력란 아래에 빨간색 배너 메시지를 보여 줘.

예시 응답 코드: 경보를 처리하는 함수

```
function showWeatherAlert (msg) {
  var weatherAlerts = document.getElementById('weatherAlerts');
}
```

이제 경고 메시지가 화면에 나타납니다.

추가로 시도해 볼 수 있는 아이디어

➢ 1분이 지나면 경보를 자동으로 멈춥니다.

5단계: 브라우저 알림 보내기

프롬프트

브라우저에 권한을 요청하고 새 악천후 경보가 발령될 때마다 시스템 알림을 보내 줘.

예시 응답 코드: 간단한 알림 기능

```
async function notify(msg) {
  if (Notification.permission === 'default') {
    await Notification.requestPermission();
  }
  if (Notification.permission === 'granted') {
    new Notification ('Weather Alert', {
      body: msg});
  }
}
```

이제 사용자는 다른 탭에 있을 때도 푸시 알림을 받을 수 있습니다.

추가로 시도해 볼 수 있는 아이디어

➢ 알림에 사용자 아이콘을 추가해 보세요.

6단계: 자동 확인 설정하기

프롬프트

30분마다 자동으로 날씨를 확인해 줘.

예시 응답 코드: 예약 작업

```
setInterval(checkWeather, 30 * 60 * 1000);
```

이제 사용자가 앱을 직접 새로고침하지 않아도 최신 상태를 유지합니다.

추가로 시도해 볼 수 있는 아이디어

➢ 사용자가 새로고침 주기를 선택하도록 합니다.

7단계: 기본 스타일 추가하기

프롬프트

웹 페이지 배경을 차분한 파란색으로 디자인하고 모바일에서 사용하기 좋게 만들어 줘.

예시 응답 코드: 간단한 CSS 스타일 코드

```
body {
  font-family: sans-serif;
  background: #e3f2fd;
  text-align: center;
  padding: 30px;
}
#location-picker {
  margin-bottom: 20px;
}
#location-picker input {
  padding: 10px;
  width: 60%;
  max-width: 300px;
}
#location-picker button {
  padding: 10px 16px;
  margin: 4px;
}
```

이제 앱이 스마트폰과 PC에서 깔끔하게 보입니다.

추가로 시도해 볼 수 있는 아이디어

- 경보 배너를 애니메이션으로 표시합니다.

완성한 작업

사용자에게 위험한 기상 상황을 알리는 실시간 날씨 경보 시스템을 만들었습니다.

기능 요약

- 도시 입력 또는 GPS 감지
- OpenWeatherMap에서 실시간으로 가져오기
- 악천후 감지와 배너 경보
- 푸시 알림
- 30분마다 자동으로 새로고침

보너스 과제

- SpeechSynthesis(음성 합성 기능)을 사용하여 음성 경보를 추가합니다.[28]
- 5일 예보 그래프를 보여 줍니다.
- 여러 위치 저장 기능을 제공합니다.

28 (옮긴이) 브라우저에 내장된 기능으로 텍스트를 음성으로 변환하는 기능입니다.

Tutorial 29
독서 기록 관리기 만들기

목표

사용자가 다음을 할 수 있는 개인 독서 기록 관리기를 만듭니다.

- 책과 페이지를 추가하기
- 읽은 페이지를 반영하고 진행 상황을 관리하기
- 책을 완독 상태로 표시하기

도구

- HTML/CSS/자바스크립트
- 브라우저 `localStorage`

익힐 기술

- 양식과 숫자 다루기
- 진행 상황을 표시하는 바 업데이트
- 세션 간 상태 저장하기
- 조건부 스타일링

1단계: 도서 입력 양식 설정하기

프롬프트

도서명 입력란, 페이지, '도서 추가' 버튼이 있는 웹 페이지를 만들어 줘.

예시 응답 코드: 간단한 구조

```
<div id="book-tracker">
  <input id="book-title" placeholder="도서명">
```

```
  <input id="total-pages" type="number" placeholder="페이지">
  <button id="add-book">도서 추가</button>
  <ul id="book-list"></ul>
</div>
```

이제 도서 입력 양식이 만들어졌습니다.

추가로 시도해 볼 수 있는 아이디어

➢ 페이지에 양수만 입력할 수 있게 합니다.

2단계: 기록 관리기에 도서 추가하기

프롬프트

'도서 추가'를 누르면 제목, 0 / 총 페이지 수, '업데이트' 버튼이 있는 목록을 보여 줘.

예시 응답 코드: 클릭 핸들러

```
document.getElementById('add-book').addEventListener('click', () =>
{
  const title = document.getElementById('book-title').value.trim();
  const pages = parseInt(document.getElementById('total-pages').
value, 10);
  if (title && pages > 0) {
    const li = document.createElement('li');
    li.innerHTML = `${title} <span class="progress">0 / ${pages}</
span> <button class="update">업데이트</button>`;
    li.dataset.pages = pages;
    li.dataset.read = 0;
    document.getElementById('book-list').appendChild(li);
  }
});
```

이제 목록에 책이 표시됩니다.

추가로 시도해 볼 수 있는 아이디어

➢ 도서 추가 후 양식을 비우는 기능을 추가합니다.

3단계: 독서 진행 상황 업데이트하기

프롬프트

'업데이트'를 클릭하면 오늘 읽은 페이지 수를 묻고 진행률 표시를 업데이트해 줘.

예시 응답 코드: 업데이트 보조 코드

```
document.getElementById('book-list').addEventListener('click', e =>
{
  if (e.target.className === 'update') {
    const li = e.target.parentElement;
    const readToday = parseInt(prompt('Pages read:'), 10) || 0;
    const totalRead = Math.min(+li.dataset.read + readToday,
li.dataset.pages);
    li.dataset.read = totalRead;
    li.querySelector('.progress').textContent = `${totalRead} /
${li.dataset.pages}`;
    if (totalRead == li.dataset.pages) li.classList.
add('finished');
  }
});
```

이제 독서할 때마다 진행 상황이 업데이트됩니다.

추가로 시도해 볼 수 있는 아이디어

➢ 오늘 읽은 페이지 수를 입력할 때 총 페이지를 넘어가지 않도록 하세요.

4단계: localStorage에 데이터 영구 저장하기

프롬프트

브라우저를 닫았다가 다시 열어도 독서 목록을 불러올 수 있게 저장해 줘.

예시 응답 코드: 간단한 데이터 저장 레이어

```
function save() {
  localStorage.setItem('books', document.getElementById('book-list').innerHTML);
}
function load() {
  document.getElementById('book-list').innerHTML = localStorage.getItem('books') || '';
}
window.addEventListener('load', load);
window.addEventListener('beforeunload', save);
```

이제 독서 데이터가 저장되고 유지됩니다.

추가로 시도해 볼 수 있는 아이디어

➢ innerHTML XSS 위험을 피하는 대신 JSON을 저장해 보세요.

5단계: 독서 기록 관리기 스타일링하기

프롬프트

완독한 책에는 초록색 체크 표시가 있는 밝은 카드 레이아웃을 추가해 줘.

예시 응답 코드: 간단한 CSS 블록 코드

```
#book-tracker {
  max-width: 500px;
  margin: 30px auto;
  padding: 20px;
```

```
  background: #fafafa;
  border-radius: 8px;
  box-shadow: 0 2px 6px rgba(0,0,0,.1);
}
#book-list li {
  margin: 8px 0;
}
#book-list li.finished {
  text-decoration: line-through;
  color: green;
}
button.update {
  margin-left: 10px;
}
```

이제 독서 기록 관리기가 정돈되어 보이고 완독한 책을 한눈에 볼 수 있습니다.

추가로 시도해 볼 수 있는 아이디어

- 각 도서명 아래에 진행률을 나타내는 막대를 넣어 보세요.

완성한 작업

이제 독서 진행 상황을 기록하는 개인 독서 기록 관리기를 만들었습니다.

기능 요약

- 책과 페이지 수 함께 추가하기
- 독서 진행 상황 업데이트 및 표시하기
- 페이지 수가 총 페이지 수와 일치하면 완독한 책으로 표시하기
- `localStorage`에 데이터 저장하기

보너스 과제

- 진행 상황을 CSV로 내보냅니다.

- ➢ API로 구글 시트와 데이터를 동기화합니다.
- ➢ 목표 날짜와 예상 독서 속도를 추가합니다.

Tutorial 30
환율 변환기 만들기

목표

사용자가 다음을 할 수 있는 간단한 변환기를 만듭니다.

- ➢ 두 가지 통화 선택하기
- ➢ 변환할 금액 입력하기
- ➢ 실시간으로 변환된 금액 보기

도구

- ➢ HTML/CSS/자바스크립트
- ➢ 환율 API(*https://api.exchangerate.host*)

익힐 기술

- ➢ 외부 API 가져오기
- ➢ 선택 입력 작업하기
- ➢ 기본 산술 연산과 반올림
- ➢ 플렉스박스로 반응형 디자인 구성

1단계: 변환기 양식 만들기

프롬프트

기존의 통화와 변환할 통화를 선택하는 드롭다운 메뉴 두 개, 금액 입력란, '변환' 버튼이 포함된 페이지를 만들어 줘.

예시 응답 코드: 간단한 레이아웃

```
<div id="converter">
  <select id="from"></select>
  <select id="to"></select>
  <input id="amount" type="number" placeholder="금액" min="0">
  <button id="convert">변환</button>
  <p id="result"></p>
</div>
```

이제 기본 변환기 UI가 준비됐습니다.

추가로 시도해 볼 수 있는 아이디어

➢ 플렉스박스로 드롭다운과 입력란을 한 줄에 배치해 보세요.

2단계: 통화 목록 채우기

프롬프트

API에서 사용할 수 있는 통화 코드 목록을 불러와서 두 개의 드롭다운을 채워 줘.

예시 응답 코드: 간단한 페치(fetch) 코드

```
async function loadCurrencies() {
  const res = await fetch('https://api.exchangerate.host/symbols');
  const data = await res.json();
  const codes = Object.keys(data.symbols);
  codes.forEach(code => {
    const opt1 = new Option(code, code);
    const opt2 = new Option(code, code);
    from.appendChild(opt1);
    to.appendChild(opt2);
  });
}
window.addEventListener('load', loadCurrencies);
```

이제 목록에 주요 통화가 모두 표시됩니다.

추가로 시도해 볼 아이디어

➢ 통화 코드를 알파벳순으로 정렬해 보세요.

3단계: 금액 변환하기

프롬프트

변환을 누르면 최신 환율을 반영하여 변환된 값을 소수점 둘째 자리까지 보여 줘.

예시 응답 코드: 변환 보조 코드

```
async function convert() {
  const query = `https://api.exchangerate.host/convert?from=${from.
value}&to=${to.value}&amount=${amount.value}`;
  const res = await fetch (query);
  const data = await res.json();
  result.textContent = `${amount.value} ${from.value} = ${data.
result.toFixed(2)} ${to.value}`;
}
convertBtn.addEventListener('click', convert);
```

이제 실시간으로 변환되는 것을 볼 수 있습니다.

추가로 시도해 볼 수 있는 아이디어

➢ 로딩 중에는 버튼을 비활성화해 보세요.

4단계: 변환기 스타일링하기

프롬프트

깔끔한 카드 스타일로 꾸미고 페이지의 모든 요소를 가운데에 정렬해 줘.

예시 응답 코드: 간단한 CSS 블록

```
#converter {
  max-width: 400px;
  margin: 40px auto;
  padding: 20px;
  background: #f5f5f5;
  border-radius: 8px;
  box-shadow: 0 2px 6px rgba(0,0,0,.1);
  display: flex;
  flex-direction: column;
  gap: 10px;
  align-items: center;
}
#converter select, #converter input {
  padding: 10px;
  font-size: 14px;
}
#result {
  font-weight: bold;
  margin-top: 10px;
}
```

이제 변환기가 깔끔해졌고 모바일에서 사용하기 좋아 보입니다.

추가로 시도해 볼 수 있는 아이디어

➢ '통화 바꾸기' ⇄ 버튼을 추가해 보세요.

완성한 작업

이제 실제 환율을 사용하는 실시간 환율 변환기가 만들어졌습니다.

기능 요약

➢ 통화 목록을 동적으로 생성하기

➢ 두 통화 간 임의 금액 변환

➢ 소수점 둘째 자리로 반올림한 결과 보여 주기

➢ 반응형 카드 레이아웃

보너스 과제

- ➢ 과거 환율 차트를 추가합니다.
- ➢ 오프라인일 때도 사용할 수 있게 환율을 캐시에 저장합니다.
- ➢ 여러 건을 한꺼번에 변환하도록 확장합니다.

Tutorial 31
프롬프트 라이브러리 만들기

목표

사용자가 다음을 할 수 있는 검색형 AI 프롬프트 라이브러리를 만듭니다.

- ➢ 새 프롬프트 제목과 텍스트 추가하기
- ➢ 키워드로 프롬프트 즉시 필터링하기
- ➢ 프롬프트 텍스트를 클립보드에 복사하기

도구

- ➢ HTML/CSS/자바스크립트
- ➢ 클립보드 API

익힐 기술

- ➢ 동적 리스트 렌더링
- ➢ 실시간 검색 필터링
- ➢ 클립보드에 복사하기

1단계: 프롬프트 입력과 검색 UI 디자인하기

프롬프트

프롬프트 제목 필드, 프롬프트 텍스트 영역, '추가' 버튼, 검색 상자, 저장된 프롬프트를 위한 빈 목록이 있는 페이지를 만들어 줘.

예시 응답 코드: 간단한 레이아웃

```
<div id="prompt-app">
  <input id="p-title" placeholder="프롬프트 제목">
  <textarea id="p-text" rows="3" placeholder="검색 상자"></textarea>
  <button id="add-prompt">프롬프트 추가</button>
  <input id="search" placeholder="Search prompts...">
  <ul id="prompt-list"></ul>
</div>
```

이제 프롬프트 라이브러리의 기본 구조가 준비됐습니다.

추가로 시도해 볼 아이디어

➢ 제목 길이를 50자로 제한합니다.

2단계: 라이브러리에 프롬프트 추가하기

프롬프트

'프롬프트 추가'를 클릭하면 제목과 '복사' 버튼이 있는 목록을 추가해 줘.

예시 응답 코드: 클릭 핸들러

```
document.getElementById('add-prompt').addEventListener('click', ()
=> {
  const title = pTitle.value.trim();
  const text = pText.value.trim();
  if (title && text) {
    const li = document.createElement('li');
```

```
    li.innerHTML = `<strong>${title}</strong> <button class="copy">
복사</button><p class="hidden">${text}</p>`;
    promptList.appendChild(li);
    pTitle.value = pText.value = '';
  }
});
```

이제 프롬프트가 목록에 표시됩니다.

추가로 시도해 볼 수 있는 아이디어

➢ 프롬프트를 추가하면 토스트 알림을 보여 줍니다.

3단계: 실시간 검색 구현하기

프롬프트

> 검색 상자에 입력하는 즉시 목록을 필터링해 줘.

예시 응답 코드: 간단한 필터 코드

```
search.addEventListener('input', () => {
  const q = search.value.toLowerCase()
  [...promptList.children].forEach(li =>
    li.style.display = li.textContent.toLowerCase().includes(q) ?
'' : 'none');
  });
});
```

이제 프롬프트를 즉시 찾을 수 있습니다.

추가로 시도해 볼 수 있는 아이디어

➢ 일치하는 키워드를 강조 표시해 보세요.

4단계: 프롬프트 텍스트 복사하기

프롬프트

> '복사' 버튼을 클릭하면 프롬프트 텍스트가 클립보드에 복사되고 2초간 '복사됨!' 메시지를 보여 줘.

예시 응답 코드: 클립보드 보조 코드

```
promptList.addEventListener('click', async e => {
  if (e.target.className === 'copy') {
    const text = e.target.nextElementSibling.textContent;
    await navigator.clipboard.writeText(text);
    e.target.textContent = '복사됨!';
    setTimeout(() => (e.target.textContent = 'Copy'), 2000);
  }
});
```

이제 복사가 매끄럽게 잘 됩니다.

추가로 시도해 볼 수 있는 아이디어

➤ 복사하는 중에는 '복사' 버튼을 비활성화합니다.

5단계: 라이브러리 스타일링하기

프롬프트

> 깔끔한 카드 레이아웃을 적용하고 각 프롬프트에 밝은 테두리를 두르고 '복사' 버튼에 색을 넣어 줘.

예시 응답 코드: 간단한 CSS 블록

```
#prompt-app {
  max-width: 600px;
  margin: 40px auto;
```

```
  font-family: sans-serif;
}
#prompt-list li {
  border: 1px solid #ccc;
  padding: 10px;
  margin: 6px 0;
  border-radius: 6px;
}
.copy {
  background: #4caf50;
  color: #fff;
  border: none;
  padding: 6px 10px;
  cursor: pointer;
}
```

이제 프롬프트 라이브러리가 세련되어 보입니다.

추가로 시도해 볼 수 있는 아이디어

➢ 다크 모드로 전환하는 버튼을 추가해 보세요.

완성한 작업

실시간 검색과 원클릭 복사 기능이 있는 유용한 프롬프트 라이브러리를 만들었습니다.

기능 요약

➢ 프롬프트를 추가하고 목록을 만들기

➢ 실시간으로 키워드를 필터링하기

➢ 프롬프트 텍스트를 클립보드에 복사하기

➢ 깔끔한 반응형 디자인

보너스 과제

➢ 프롬프트를 JSON으로 내보냅니다.

- 클라우드 스토리지에 동기화합니다.
- 프롬프트 텍스트에 마크다운 미리 보기를 추가합니다.

Tutorial 32
감정 다이어리 앱 만들기

목표

사용자가 다음을 할 수 있는 다이어리 앱을 만듭니다.

- 매일 텍스트로 내용을 작성하세요.
- 오늘의 감정을 이모지로 선택하세요.
- 달력에서 이전 내용을 탐색하세요.

도구

- HTML/CSS/자바스크립트
- `localStorage`를 사용해 데이터를 저장

익힐 기술

- 날짜 객체 다루기
- 모달 대화 상자[29]
- `localStorage`에 구조화된 데이터 저장
- 달력을 동적으로 렌더링

29 (옮긴이) 사용자가 입력하는 동안 다른 요소는 사용할 수 없게 하는 임시 창

1단계: 다이어리 입력 대화 상자 만들기

프롬프트

'새 일기'라고 쓰인 버튼을 만들어 누르면 텍스트 영역과 감정 이모지 행이 있는 팝업을 열어 줘.

예시 응답 코드: 기본 모달 코드

```
<button id="new">새 일기</button>
<dialog id="entry-dialog">
  <textarea id="entry-text" rows="5" placeholder="What happened
today?"></textarea>
  <div id="moods">
    <span data-mood="happy">😊</span>
    <span data-mood="neutral">😐</span>
    <span data-mood="sad">😟</span>
  </div>
  <button id="save">저장</button>
</dialog>
```

이제 모달을 열어 내용을 작성할 수 있습니다.

추가로 시도해 볼 수 있는 아이디어

➢ Esc 키를 눌러 대화 상자를 닫아 보세요.

2단계: 기분과 함께 내용을 저장하기

프롬프트

'저장'을 누르면 텍스트, 감정, 오늘의 날짜를 저장해 줘.

예시 응답 코드: 저장 보조 코드

```
save.addEventListener('click', () => {
  const data = JSON.parse (localStorage.getItem('journal') ||
```

```
'{}');
  const today = new Date().toISOString().split('T')[0];
  data[today] = {
    text: entryText.value,
    mood: selectedMood};
  localStorage.setItem('journal', JSON.stringify(data));
  entryDialog.close();
  renderCalendar();
});
```

이제 날짜별 기록이 저장됩니다.

추가로 시도해 볼 수 있는 아이디어

➢ 빈 텍스트는 저장하지 못하게 하세요.

3단계: 월간 캘린더 렌더링하기

프롬프트

이번 달을 그리드로 보여 주고 일기를 저장한 날에는 감정 이모지를 표시해 줘.

예시 응답 코드: 캘린더 루프

```
function renderCalendar() {
  const grid = document.getElementById('calendar');
  grid.innerHTML = '';
  const date = new Date();
  date.setDate(1);
  const firstDay = date.getDay();
  const days = new Date(date.getFullYear(), date.getMonth() + 1,
0).getDate();
  for (let i = 0; i < firstDay + days; i++) {
    const cell = document.createElement('div');
    if (i >= firstDay) {
      const d = i - firstDay + 1;
      const key = `${date.getFullYear()}-${String(date.getMonth() +
1).padStart(2, '0')}-${String(d).padStart(2, '0')}`;
      const entry = journal[key];
```

```
      cell.textContent = entry ? entry.mood : d;
      cell.dataset.date = key;
    }
    grid.appendChild(cell);
  }
}
```

이제 캘린더에서 감정을 눈으로 확인할 수 있습니다.

추가로 시도해 볼 수 있는 아이디어

➢ 감정에 따라 셀 배경색을 다르게 표시합니다.

4단계: 내용 상세 보기

프롬프트

다이어리를 쓴 날짜를 클릭하면 해당 텍스트와 감정을 읽기 전용 팝업으로 표시해 줘.

예시 응답 코드: 이벤트 리스너

```
calendar.addEventListener('click', e => {
  const key = e.target.dataset.date;
  if (journal[key]) {
    alert(`${journal[key].mood} ${journal[key].text}`);
  }
});
```

이제 지난 기록을 다시 볼 수 있습니다.

추가로 시도해 볼 수 있는 아이디어

➢ 알림(alert) 대신 스타일을 입힌 모달로 대신해 보세요.

5단계: 다이어리 스타일링하기

프롬프트

> 캘린더를 그리드 레이아웃으로 만들고 은은한 테두리를 두며 각 칸 가운데에 이모지를 배치해 줘.

예시 응답 코드: 간단한 CSS 코드

```
#calendar {
  display: grid;
  grid-template-columns: repeat(7, 1fr);
  gap: 4px;
  max-width: 420px;
  margin: 20px auto;
}
#calendar div {
  aspect-ratio: 1;
  border: 1px solid #ddd;
  display: flex;
  align-items: center;
  justify-content: center;
  font-size: 24px;
}
#entry-dialog {
  width: 300px;
  padding: 20px;
  border: none;
  border-radius: 8px;
}
```

이제 다이어리가 간결하고 친근한 느낌을 줍니다.

추가로 시도해 볼 수 있는 아이디어

➤ 다크 모드로 전환하는 토글 버튼을 추가합니다.

완성한 작업

캘린더에 하루하루의 감정을 기록하는 개인 다이어리를 만들었습니다.

기능 요약

- 일일 텍스트 내용을 작성하기
- 감정 이모티콘을 선택하기
- 감정 아이콘이 있는 달력을 확인하기
- 데이터를 로컬에 저장하기

보너스 과제

- 감정 변화 차트를 만듭니다.
- 내용을 마크다운으로 내보냅니다.
- 클라우드 스토리지로 디바이스간 동기화합니다.

Tutorial 33
필터 기능이 있는 사진 갤러리 만들기

목표

사용자가 다음을 할 수 있는 온라인 이미지 갤러리를 만듭니다.

- 사진을 업로드하거나 샘플 이미지를 사용합니다.
- 카테고리 태그로 사진을 필터링합니다.
- 라이트박스 모달에서 이미지를 봅니다.

도구

- HTML/CSS/자바스크립트
- CSS 그리드 레이아웃

익힐 기술

- ➢ 파일 입력 처리
- ➢ 태그 기반 필터링
- ➢ 모달 오버레이 상호작용
- ➢ 반응형 그리드 디자인

1단계: 업로드 및 갤러리 그리드 만들기

프롬프트

> 이미지 업로드 입력란, 카테고리 필드, '추가' 버튼, 이미지를 넣을 빈 그리드를 추가해 줘.

예시 응답 코드: 간단한 기본 구조

```
<input type="file" id="uploader" multiple accept="image/*">
<input id="category" placeholder="Category e.g., Nature">
<button id="add-img">추가</button>
<div id="filters"></div>
<section id="gallery"></section>
```

이제 사진을 추가하고 보여 줄 자리를 준비했습니다.

추가로 시도해 볼 아이디어

- ➢ 파일을 선택하기 전까지 카테고리 필드를 숨깁니다.

2단계: 태그와 함께 이미지를 렌더링하기

프롬프트

> 이미지를 고른 뒤 '추가' 버튼을 누르면 그리드에 썸네일을 표시하고 카테고리에 저장해 줘.

예시 응답 코드: 이미지 반복 코드

```
addImg.addEventListener('click', () => {
  [...uploader.files].forEach(file => {
    const url = URL.createObjectURL(file);
    const tag = category.value.trim() || 'Uncategorised';
    const img = document.createElement('img');
    img.src = url;
    img.alt = tag;
    img.dataset.tag = tag.toLowerCase();
    gallery.appendChild(img);
  });
  category.value = '';
});
```

이제 갤러리에 사진이 나타납니다.

추가로 시도해 볼 수 있는 아이디어

➢ 모달을 닫을 때 객체 URL을 해제해 보세요.

3단계: 필터 버튼 생성하기

프롬프트

카테고리별로 버튼을 만들고 클릭하면 갤러리를 필터링해 줘.

예시 응답 코드: 동적 필터 만들기 코드

```
function refreshFilters() {
  const tags = [...gallery.children].map(img => img.dataset.tag);
  filters.innerHTML = '<button data-tag="all">All</button>';
  [...new Set(tags)].forEach(t => {
    filters.innerHTML += `<button data-tag="${t}">${t}</button>`;
  });
}
filters.addEventListener('click', e => {
  if (e.target.tagName === 'BUTTON') {
    const tag = e.target.dataset.tag;
```

```
    [...gallery.children].forEach(img => {
      img.style.display = tag === 'all' || img.dataset.tag === tag
? '' : 'none';
    });
  }
});
```

이제 카테고리별로 즉시 필터링할 수 있습니다.

추가로 시도해 볼 아이디어

➢ 활성화된 '필터' 버튼을 강조 표시합니다.

4단계: 라이트박스 보기 추가하기

프롬프트

> 썸네일을 클릭하면 어두운 오버레이 위에 전체 크기 이미지를 '닫기 X' 버튼과 함께 표시해 줘.

예시 응답 코드: 간단한 라이트박스

```
gallery.addEventListener('click', e => {
  if (e.target.tagName === 'IMG') {
    const overlay = document.createElement('div');
    overlay.id = 'lightbox';
    overlay.innerHTML = `<img src="\${e.target.src}"><span
id="close">X</span>`;
    document.body.appendChild(overlay);
    overlay.onclick = () => overlay.remove();
  }
});
```

이제 전체 크기 이미지가 멋지게 팝업됩니다.

추가로 시도해 볼 수 있는 아이디어

➢ 다음·이전 방향 키를 추가해 보세요.

5단계: 갤러리 스타일링하기

프롬프트

컬럼을 자동 맞춤으로 채우고 썸네일에 호버 시 확대 효과를 추가하고 라이트박스를 가운데에 정렬해 줘.

예시 응답 코드: 간결한 CSS 블록

```
#gallery {
  display: grid;
  grid-template-columns: repeat(auto-fit, minmax(120px, 1fr));
  gap: 8px;
  padding: 20px;
}
#gallery img {
  width: 100%;
  height: 100%;
  object-fit: cover;
  cursor: pointer;
  transition: transform .2s;
}
#gallery img:hover {
  transform: scale(1.05);
}
#lightbox {
  position: fixed;
  inset: 0;
  background: rgba(0,0,0,.8);
  display: flex;
  align-items: center;
  justify-content: center;
}
```

이제 갤러리가 현대적이고 상호작용할 수 있게 보입니다.

추가로 시도해 볼 수 있는 아이디어

- 썸네일을 지연 로딩해 보세요.

완성한 작업

카테고리 필터와 라이트박스 뷰어가 있는 멋진 사진 갤러리를 만들었습니다.

기능 요약

- 여러 이미지를 업로드하기
- 태그 기반 필터 버튼
- 반응형 썸네일 그리드
- 라이트박스 전체 보기

보너스 과제

- 드래그하여 이미지 순서를 바꾸기
- URL 해시로 필터링된 뷰 공유하기
- 사진의 대표 색상을 자동으로 추출하기

Tutorial 34
여행 버킷 리스트 앱 만들기

목표

사용자가 다음 기능을 할 수 있는 간단한 플래너를 만듭니다.

- 메모와 꿈의 여행지 추가하기
- 방문한 장소로 표시하기
- 인터랙티브 지도에서 목록 보기

도구

- HTML/CSS/자바스크립트
- Leaflet.js(오픈 소스 지도 라이브러리)

익힐 기술

- 폼 입력 처리
- 리플릿 지도 통합
- 장소 이름 지오코딩[30]
- 마커 동적 업데이트

1단계: 입력 및 지도 설정

프롬프트

여행 목적지 입력란, '추가' 버튼, 그리고 Leaflet 지도가 있는 페이지를 만들어 줘.

예시 응답 코드: 기본 레이아웃

```
<input id="place" placeholder="목적지를 추가하세요. 예: 경주">
<button id="add">추가</button>
<ul id="bucket"></ul>
<div id="map" style="height:600px"></div>
```

이제 입력 양식과 빈 지도가 준비됐습니다.

추가로 시도해 볼 수 있는 아이디어

- 입력란을 지도 위에 두세요.

30 (옮긴이) 주소, 장소 이름과 위·경도 좌표를 서로 변환하는 기술

2단계: 여행지를 지오코딩하고 저장하기

프롬프트

'추가' 버튼을 누르면 장소 이름을 좌표로 변환하고 목록에 추가해 줘.

예시 응답 코드: 페치(fetch) 보조 코드

```
async function geo(name) {
  const res = await fetch(`https://nominatim.openstreetmap.org/sear
ch?format=json&q=${encodeURIComponent(name)}`);
  const data = await res.json();
  return data[0] && {
    lat: +data[0].lat,
    lng: +data[0].lon
  };
}
add.onclick = async () => {
  const name = place.value.trim();
  const loc = await geo(name);
  if (loc) {
    addDestination(name, loc);
    place.value = '';
  }
};
```

이제 여행지가 좌표로 변환됩니다.

추가로 시도해 볼 수 있는 아이디어

➢ 찾을 수 없는 장소에 대한 오류 처리를 추가해 보세요.

3단계: 지도에 마커 표시하기

프롬프트

목적지마다 지도에 핀을 놓고 모든 핀이 보이게 지도를 확대해 줘.

예시 응답 코드: 간단한 핀 함수

```
const map = L.map('map').setView([20, 0], 2);
L.tileLayer('https://{s}.tile.openstreetmap.org/{z}/{x}/{y}.png', {
  maxZoom: 19
}).addTo(map);
const markers = L.featureGroup().addTo(map);
function addDestination(name, loc) {
  const marker = L.marker(loc).addTo(markers).bindPopup(name);
  const li = document.createElement('li');
  li.textContent = name;
  li.appendChild(document.createElement('input')).type =
'checkbox';
  bucket.appendChild(li);
  map.fitBounds(markers.getBounds());
}
```

이제 모든 장소가 지도와 목록에 표시됩니다.

추가로 시도해 볼 수 있는 아이디어

➤ 방문 완료/방문 예정 장소에 사용자 정의 아이콘을 사용해 보세요.

4단계: 방문한 장소로 표시하기

프롬프트

여행지의 체크박스를 선택하면 목록 항목의 스타일을 변경하고 마커 색상을 바꿔 줘.

예시 응답 코드: 업데이트 처리 코드

```
bucket.addEventListener('change', e => {
  if (e.target.type == 'checkbox') {
    const li = e.target.parentElement;
    li.classList.toggle('done', e.target.checked);
    const marker = [...markers.getLayers()].find(m => m.getPopup().
getContent() === li.firstChild.textContent);
    if (marker) {
      marker.setIcon(doneIcon);
```

```
    }
  }
});
```

이제 방문한 장소가 한눈에 구분됩니다.

추가로 시도해 볼 수 있는 아이디어

➢ 방문 예정 장소만 표시되도록 목록을 필터링해 보세요.

5단계: 버킷 리스트 스타일링

프롬프트

> 스크롤 가능한 목록이 있는 사이드바 카드를 추가하고 방문한 장소는 초록색과 체크 아이콘으로 표시해 줘.

예시 응답 코드: 간단한 CSS 코드

```
body {
  display: flex;
  gap: 20px;
}
#bucket {
  list-style: none;
  max-height: 600px;
  overflow: auto;
  padding: 0 10px;
}
#bucket li.done {
  color: green;
  text-decoration: line-through;
}
```

이제 버킷 리스트 앱이 깔끔하고 유용해졌습니다.

추가로 시도해 볼 수 있는 아이디어

➢ 모바일에서 목록이 접히도록 해 보세요.

완성한 작업

실제 좌표와 함께 시각적으로 표시되는 여행 위시리스트를 만들었습니다.

기능 요약

➢ 이름으로 여행지 추가하기
➢ 자동 지오코딩과 지도 핀 표시
➢ 방문 완료 표시
➢ 리플릿 지도를 활용한 반응형 레이아웃

보너스 과제

➢ 목록을 CSV로 내보내세요.
➢ 대륙별로 색을 달리해 여행지를 그룹화하세요.
➢ 핀 사이의 예상 비행 거리를 계산하세요.

Tutorial 35
맞춤형 뉴스 리더 만들기

목표

사용자가 다음을 할 수 있는 뉴스 리더 앱을 만듭니다.

➢ 관심 주제를 선택하세요.
➢ 선택한 주제의 주요 헤드라인을 가져와서 표시하세요.
➢ 페이지를 벗어나지 않고 모달 창에서 기사를 여세요.

도구

- HTML/CSS/자바스크립트
- NewsAPI.org(무료 버전) 또는 RSS 피드

익힐 기술

- 외부 REST API 사용하기
- 쿼리 문자열 구축
- 무한 스크롤
- 외부 HTML 처리하기

1단계: 주제 선택 UI

프롬프트

> 기술, 스포츠, 비즈니스 같은 주제가 있는 다중 선택 목록과 '뉴스 보기' 버튼을 만들어 줘.

예시 응답 코드: 간단한 레이아웃

```
<select id="topics" multiple size="4">
  <option>기술</option>
  <option>스포츠</option>
  <option>비즈니스</option>
  <option>건강</option>
</select>
<button id="show">뉴스 보기</button>
<section id="feed"></section>
```

이제 관심 분야를 선택할 수 있습니다.

추가로 시도해 볼 수 있는 아이디어

- 선택한 주제를 `localStorage`에 저장해 보세요.

2단계: 헤드라인 가져오기

프롬프트

'뉴스 보기'를 클릭하면 선택한 각 주제에 대한 상위 10개의 헤드라인을 NewsAPI에서 가져와 피드에 추가해 줘.

예시 응답 코드: 페치(fetch) 반복문

```
const key = 'YOUR_KEY'; // NewsAPI.org에 가입하고 무료 키를 받으세요.
async function getNews(topic) {
  const url = `https://newsapi.org/v2/topheadlines?category=
${topic.toLowerCase()}&apiKey=${key}`
  const res = await fetch(url);
  return res.json();
}
show.onclick = async () => {
  feed.innerHTML = 'Loading...';
  const chosen = [...topics.selectedOptions].map(o => o.value);
  const stories = (await Promise.all(chosen.map(getNews))).
flatMap(r => r.articles);
  render(stories.slice(0, 10 * chosen length));
};
```

이제 피드가 헤드라인으로 채워집니다.

추가로 시도해 볼 수 있는 아이디어

➢ 스크롤하면 결과를 페이지별로 보여 주세요.

3단계: 카드 표시와 모달 리더

프롬프트

각 기사를 제목, 이미지, '읽기' 버튼이 있는 카드 형태로 보여 주고 버튼을 누르면 팝업으로 본문을 열어 줘.

예시 응답 코드: 카드 렌더러

```
function render(list) {
  feed.innerHTML = '';
  list.forEach(a => {
    const card = document.createElement('article');
    card.innerHTML = `<img src="${a.urlToImage||''}"><h3>${a.
title}</h3><button class="read">읽기</button>`;
    card.querySelector('.read').onclick = () => openModal(a.url);
    feed.appendChild(card);
  });
}
```

이제 기사를 같은 페이지에서 바로 열 수 있습니다.

추가로 시도해 볼 수 있는 아이디어

➤ 광고를 제거하기 위해 리더 모드 서비스를 사용해 보세요.

4단계: 무한 스크롤하기

프롬프트

페이지 아래까지 스크롤하면 기사 10건을 더 불러와 줘.

예시 응답 코드: 스크롤 리스너

```
let page = 1;
window.addEventListener('scroll', () => {
  if (window.innerHeight + window.scrollY >= document.body.
offsetHeight - 200) {
    page++;
    fetchMore();
  }
});
```

이제 새 헤드라인이 계속 들어옵니다.

추가로 시도해 볼 수 있는 아이디어

➢ 로더 스피너[31]를 표시해 보세요.

5단계: 리더 스타일링하기

프롬프트

카드에 깔끔한 흰색 배경과 그림자를 넣고 그리드를 반응형으로 만들어 줘.

예시 응답 코드: CSS 코드

```
#feed {
  display: grid;
  grid-template-columns: repeat(auto-fit, minmax(280px, 1fr));
  gap: 20px;
  padding: 20px;
}
article {
  background: #fff;
  border-radius: 8px;
  box-shadow: 0 2px 6px rgba(0,0,0,.1);
  overflow: hidden;
  display: flex;
  flex-direction: column;
}
article img {
  width: 100%;
  height: 160px;
  object-fit: cover;
}
```

이제 뉴스 리더가 최신 앱처럼 바뀌었습니다.

추가로 시도해 볼 수 있는 아이디어

➢ 다크 모드 토글을 추가합니다.

31 (옮긴이) 로딩 중을 알리는 원형 애니메이션

완성한 작업

모달 기사 보기가 있는 맞춤형 뉴스 피드를 만들었습니다.

기능 요약

➢ 여러 주제 선택
➢ NewsAPI에서 실시간 헤드라인
➢ 인라인 모달 리더
➢ 무한 스크롤 그리드

보너스 과제

➢ 헤드라인을 감정에 따라 색상으로 표시하세요.
➢ 기사를 음성으로 읽어 주세요.
➢ 사용자 정의 데이터 소스를 위해 RSS 가져오세요.

Tutorial 36
작업 뽀모도로 타이머 만들기

목표

사용자가 다음을 할 수 있게 타이머를 만듭니다.

➢ 작업명 추가하기
➢ 25분 집중 세션과 휴식 진행
➢ 작업별 완료한 뽀모도로 기록하기

도구

➢ HTML/CSS/자바스크립트
➢ 알람용 오디오 API

익힐 기술

- `setInterval` 타이밍
- SVG 진행률을 보여 주는 링 업데이트
- 간단한 상태 머신

1단계: 타이머 UI 만들기

프롬프트

> 작업명, '시작' 버튼, 크게 보이는 카운트다운, 작업별 완료 횟수 목록을 넣을 입력란을 만들어 줘.

예시 응답 코드: 기본 레이아웃

```
<input id="task" placeholder="Task Name">
<button id="start">뽀모도로 시작</button>
<h1 id="clock">25:00</h1>
<ul id="tasks"></ul>
```

이제 기본 타이머와 목록이 준비되었습니다.

추가로 시도해 볼 수 있는 아이디어

- 작업이 입력되지 않으면 '시작' 버튼을 비활성화해 보세요.

2단계: 카운트다운 로직 구현하기

프롬프트

> 25분 카운트다운을 1초마다 업데이트하고 0이 되면 딩 소리를 재생해 줘.

예시 응답 코드: 타이머 루프 코드

```
let timer, seconds = 1500;
function tick() {
  seconds--;
  clock.textContent = `${String(Math.floor(seconds / 60)).
padStart(2, '0')}:${String(seconds % 60).padStart(2, '0')}`;
  if (seconds === 0) {
    clearInterval(timer);
    new Audio('ding.mp3').play();
    finish();
  }
}
start.onclick = () => {
  seconds = 1500;
  clock.textContent = '25:00';
  timer = setInterval(tick, 1000);
};
```

이제 뽀모도로 타이머가 잘 작동합니다.

추가로 시도해 볼 수 있는 아이디어

- 탭이 비활성 상태일 때 알림이 뜨도록 권한을 요청해 보세요.

3단계: 짧은 휴식 처리하기

프롬프트

> 각 집중 세션이 끝나면 자동으로 5분 휴식 카운트다운을 시작하고 배경을 초록색으로 바꿔 줘.

예시 응답 코드: 간단한 상태 전환

```
function finish() {
  document.body.classList.add('break');
  seconds = 300;
  timer = setInterval(() => {
    /* same tick */
```

```
  }, 1000);
}
```

이제 타이머를 사용해 집중과 휴식 사이를 순환합니다.

추가로 시도해 볼 수 있는 아이디어

➤ 휴식 종료 시 다른 소리를 재생해 보시요.

4단계: 완료된 세션 추적하기

프롬프트

> 각 집중 세션이 끝날 때마다 목록에 작업을 추가하거나 업데이트하고 X 개수로 표시해 줘.

예시 응답 코드: 카운트 보조 도구

```
function logTask(name) {
  let li = [...tasks.children].find(i => i.dataset.name === name);
  if (!li) {
    li = document.createElement('li');
    li.dataset.name = name;
    li.count = 0;
    tasks.appendChild(li);
  }
  li.count++;
  li.textContent = `${name} -${'🎉'.repeat(li.count)}`;
}
start.onclick = () => {
  /* ... */
  currentTask = task.value;
};
function finish() {
  logTask(currentTask); /*  break... */
}
```

이제 작업마다 뽀모도로가 누적됩니다.

추가로 시도해 볼 수 있는 아이디어

➢ 완료 횟수를 localStorage에 저장합니다.

5 단계: 타이머 스타일링하기

프롬프트

카운트다운을 가운데에 두고 시간이 지남에 따라 진행률이 보이는 원형 진행 링을 추가해 줘.

예시 응답 코드: 간단한 SVG 링

```
#clock {
  font-size: 64px;
  text-align: center;
  margin: 20px;
}
svg {
  width: 200px;
  height: 200px;
  transform: rotate(-90deg);
}
circle {
  fill: none;
  stroke: #e91e63;
  stroke-width: 10;
  stroke-dasharray: 628;
  stroke-dashoffset: 0;
  transition: stroke-dashoffset 1s linear;
}
```

tick()에서 대시 오프셋을 업데이트합니다.

```
ring.style.strokeDashoffset = (1 - seconds / 1500) * 628;
```

이제 뽀모도로 앱이 더 몰입감 있어 보입니다.

추가로 시도해 볼 수 있는 아이디어

➢ 휴식 시간에는 색상이 바뀌도록 애니메이션을 적용합니다.

완성한 작업

작업별 세션을 기록하는 뽀모도로 타이머를 만들었습니다.

기능 요약

➢ 25분 집중 + 5분 휴식 주기

➢ 작업 목록과 완료 횟수 기록

➢ 세션 종료 시 오디오 알림

➢ 원형 진행률 애니메이션

보너스 과제

➢ 일일 집중 시간 통계 페이지

➢ 데스크톱 알림

➢ 4회 뽀모도로 후 긴 휴식 추가

Tutorial 37

주식 시장 관심 종목 만들기

목표

사용자가 다음을 할 수 있는 실시간 관심 종목을 만듭니다.

➢ 주식 티커 심볼 추가하기

➢ 실시간 주가와 일일 변동 표시하기

➢ 수익과 손실을 색상 코드로 구분하기

도구

- HTML/CSS/자바스크립트
- Finnhub 또는 Twelve Data 무료 API

익힐 기술

- 주기적으로 JSON을 가져오기(fetch)
- 사용자 입력 디바운싱
- 표 생성과 업데이트
- 기본 재무 형식 지정

1단계: 관심 종목을 입력하고 표 만들기

프롬프트

티커 입력란, '추가' 버튼, 그리고 심볼, 주가, 변동률 열이 있는 HTML 표를 추가해 줘.

예시 응답 코드: 간단한 기본 구조

```
<input id="ticker" placeholder="Ticker e.g., AAPL">
<button id="add">추가</button>
<table id="list">
  <thead>
    <tr>
      <th>심볼</th>
      <th>주가</th>
      <th>변동률</th>
    </tr>
  </thead>
  <tbody></tbody>
</table>
```

이제 빈 테이블이 생겼습니다.

추가로 시도해 볼 수 있는 아이디어

➢ 입력한 텍스트를 자동으로 대문자로 변환해 보세요.

2단계: 최신 시세 가져오기

프롬프트

> 심볼을 추가하면 Finnhub에서 최신 주가와 변동률을 가져와서 새 행에 추가해 줘.

예시 응답 코드: 보조 코드

```
const key = 'YOUR_KEY';[32]
async function quote(s) {
  const res = await fetch(`https://finnhub.io/api/v1/quote?symbol=$
{s}&token=${key}`);
  return res.json();
}
add.onclick = async () => {
  const s = symbol.value.toUpperCase();
  const q = await quote(s);
  addRow(s, q.c, q.d);
};
```

이제 행에 실시간으로 데이터가 채워집니다.

추가로 시도해 볼 수 있는 아이디어

➢ 유효하지 않은 티커를 부드럽게 처리해 보세요.

3단계: 주기적으로 새로고침하기

프롬프트

> 중복 없이 표의 모든 행을 60초마다 업데이트해 줘.

32 (옮긴이) 핀허브(finnhub.io)에 회원 가입해서 무료 API 키를 발급받고 이를 YOUR_KEY에 입력해야 합니다.

예시 응답 코드: 새로고침 루프 코드

```
setInterval(async () => {
  for (const row of list.tBodies[0].rows) {
    const s = row.cells[0].textContent;
    const q = await quote(s);
    updateRow(row, q.c, q.d);
  }
}, 60000);
```

이제 관심 종목이 최신 상태를 유지합니다.

추가로 시도해 볼 수 있는 아이디어

➤ 새로고침하는 동안 작은 스피너를 표시해 보세요.

4단계: 색상 코드 변경하기

프롬프트

> 변동률이 양수이면 행을 초록으로 아니면 빨강으로 표시하고 상승에는 앞에 + 기호를 붙여 줘.

예시 응답 코드: 간단한 스타일 수정

```
function updateRow(r, price, chg) {
  r.cells[1].textContent = price.toFixed(2);
  r.cells[2].textContent = `${chg > 0 ? '+' : ''}${chg.
toFixed(2)}`;
  r.className = chg > 0 ? 'up' : 'down';
}
```

이제 상승 종목과 하락 종목이 한눈에 들어옵니다.

추가로 시도해 볼 수 있는 아이디어

➤ 퍼센트 변동(%) 열을 추가해 보세요.

5 단계: 관심 종목 스타일링하기

프롬프트

작은 크기의 줄무늬 테이블을 만들고 숫자에 고정폭 글꼴을 사용해 줘.

예시 응답 코드: 기본 CSS

```
table {
  border-collapse: collapse;
  margin: 20px auto;
  font-family: sans-serif;
}
th, td {
  padding: 8px 12px;
  border-bottom: 1px solid #eee;
}
tr:nth-child(even) {
  background: #fafafa;
}
.up {
  color: #4caf50;
}
.down {
  color: #e53935;
}
```

이제 관심 종목이 보기 좋게 정리되었습니다.

추가로 시도해 볼 수 있는 아이디어

➢ 다크 모드 토글을 추가해 보세요.

완성한 작업

색상으로 주가 변동을 구분하는 실시간 주식 관심 종목 표를 만들었습니다.

기능 요약

- ➢ 티커 심볼 추가하기
- ➢ API를 통한 실시간 주가와 변동률
- ➢ 분 단위 자동 새로고침
- ➢ 색상으로 구분하는 수익·손실

보너스 과제

- ➢ 5% 변동 시 데스크톱 알림
- ➢ 주가를 CSV로 내보내기
- ➢ 마지막 시세를 오프라인 캐시로 저장

Tutorial 38
온라인 투표 작성 화면 만들기

목표

사용자가 다음을 할 수 있는 도구를 설계합니다.

- ➢ 선택지가 여러 개인 질문 만들기
- ➢ 투표 링크 공유해 표 집계
- ➢ 실시간 차트로 투표 현황 보기

도구

- ➢ HTML/CSS/자바스크립트
- ➢ 투표를 위한 `localStorage`(단일 기기 데모용)
- ➢ 실시간 그래프를 위한 Chart.js

익힐 기술

- ➢ 동적 양식 생성

➢ 선택지에 대한 클릭 이벤트 처리

➢ Chart.js 데이터세트 업데이트

➢ URL 해시로 기본 클라이언트 라우팅

1단계: 투표 작성 화면 인터페이스 만들기

프롬프트

질문 입력란, 세 개의 옵션 필드, '옵션 추가' 버튼, '투표 작성' 버튼을 추가해 줘.

예시 응답 코드: 간단한 작성 화면

```
<input id="question" placeholder="Your question">
<div id="opts">
  <input placeholder="Option 1">
  <input placeholder="Option 2">
  <input placeholder="Option 3">
</div>
<button id="add-opt">옵션 추가</button>
<button id="make">투표 작성</button>
<section id="poll"></section>
```

이제 투표 초안을 작성할 수 있습니다.

추가로 시도해 볼 수 있는 아이디어

➢ 옵션 개수를 최대 8개로 제한해 보세요.

2단계: 투표 화면 만들기

프롬프트

'투표하기' 버튼을 누르면 작성 화면을 숨기고 각 옵션을 큰 투표 버튼으로 보여 줘.

예시 응답 코드: 렌더 보조 코드

```
make.onclick = () => {
  const q = question.value.trim();
  const opts = [...optsDiv.querySelectorAll('input')]. map(i =>
i.value.trim()).filter(Boolean);
  poll.innerHTML = `<h2>${q}</h2>` + opts.map(o => `<button
class="vote">${o}</button>`).join('');
  location.hash = 'poll';
};
```

이제 투표 화면이 나타납니다.

추가로 시도해 볼 수 있는 아이디어

➢ 브라우저에서 뒤로 가기를 누르면 작성 화면으로 돌아오도록 pushState()를 활용해 보세요.

3단계: 투표 기록하기

프롬프트

'투표' 버튼을 누르면 득표수를 증가시키고 해당 장치에서는 더 이상 투표할 수 없도록 비활성화해 줘.

예시 응답 코드: 투표 처리 코드

```
poll.addEventListener('click', e => {
  if (e.target.className === 'vote' && !localStorage.voted) {
    const choice = e.target.textContent;
    const counts = JSON.parse(localStorage.counts || '{}');
    counts[choice] = (counts[choice] || 0) + 1;
    localStorage.counts = JSON.stringify(counts);
    localStorage.voted = choice;
    drawChart(counts);
  }
});
```

이제 투표가 로컬에 저장됩니다.

추가로 시도해 볼 수 있는 아이디어

➢ 쿠키로 중복 투표를 방지해 보세요.

4단계: 실시간 결과 표시하기

프롬프트

버튼 아래에 색상으로 구분한 막대 차트로 투표 횟수를 표시하고 투표할 때마다 즉시 업데이트해 줘.

예시 응답 코드: Chart.js 코드

```
let chart;
function drawChart(data) {
  const ctx = document.getElementById('results').getContext('2d');
  if (chart) chart.destroy();
  chart = new Chart(ctx, {
    type: 'bar',
    data: {
      labels: Object.keys(data),
      datasets: [{
        data: Object.values(data),
        backgroundColor: 'skyblue'
      }]
    },
    options: {
      plugins: {
        legend: {
          display: false}
      }
    }
  });
}
```

이제 결과가 한눈에 보입니다.

추가로 시도해 볼 수 있는 아이디어

➢ 막대 위에 백분율(%)을 추가해 보세요.

5단계: 투표 스타일링하기

프롬프트

모든 요소를 가운데 정렬하고 '투표' 버튼을 크고 선명하게 만들고 막대 차트에 애니메이션을 적용해 줘.

예시 응답 코드: CSS 블록 코드

```
.vote {
  display: block;
  width: 100%;
  max-width: 400px;
  margin: 10px auto;
  padding: 14px;
  font-size: 18px;
  border: none;
  border-radius: 6px;
  background: #2196f3;
  color: #fff;
  cursor: pointer;
  transition: transform .1s;
}
.vote:active {
  transform: scale(.97);
}
#poll h2 {
  text-align: center;
}
```

이제 투표 화면이 보기 좋고 참여를 유도합니다.

추가로 시도해 볼 수 있는 아이디어

➢ 공유할 수 있는 'URL 복사' 버튼을 추가합니다.

완성한 작업

단일 기기 투표와 실시간 결과 차트가 있는 프런트엔드 투표 생성기를 만들었습니다.

기능 요약

- ➢ 맞춤형 투표 생성
- ➢ 큰 버튼을 사용한 투표
- ➢ `localStorage`에 투표 저장
- ➢ 실시간 막대 차트 결과

보너스 과제

- ➢ 파이어베이스(Firebase)로 다중 사용자 투표 통합하기
- ➢ 이미지 옵션 허용하기
- ➢ 마감 시간까지 카운트다운 타이머를 추가하기

Tutorial 39
가상 식물 관리기 만들기

목표

사용자가 식물을 건강하게 기르도록 돕습니다.

- ➢ 식물 프로필에 식물 사진과 물 주기 빈도를 추가하기
- ➢ 식물에 물을 주어야 할 때 알림 받기
- ➢ 마지막 급수 날짜를 기록하기

도구

- ➢ HTML/CSS/자바스크립트
- ➢ 알림 API와 `localStorage`

익힐 기술

- ➢ 날짜 계산
- ➢ 양식 유효성 검사와 이미지 미리 보기
- ➢ setTimeout으로 알림 예약하기
- ➢ 객체 배열을 로컬에 저장하기

1단계: 식물 양식과 목록 만들기

프롬프트

식물 이름, 사진 URL, ◯일 마다 물 주기 입력란, '추가' 버튼, 그리고 빈 카드 목록이 있는 양식을 만들어 줘.

예시 응답 코드: 간단한 구조

```
<input id="p-name" placeholder="식물 이름">
<input id="p-img" placeholder="사진 URL">
<input id="p-days" type="number" min="1" placeholder="Water every
(days)" >
<button id="add">식물 추가</button>
<section id="plants"></section>
```

이제 식물을 추가할 공간이 준비됐습니다.

추가로 시도해 볼 수 있는 아이디어

- ➢ URL이 .jpg/.png로 끝나는지 유효성 검사를 해 보세요.

2단계: 식물을 저장하고 렌더링하기

프롬프트

사용자가 '식물 추가' 버튼을 클릭하면 데이터를 저장하고 마지막 급수가 오늘로 표시된 카드를 보여 줘.

예시 응답 코드: 저장 보조 코드

```
function savePlant(obj) {
  const list = JSON.parse(localStorage.plants || '[]');
  list.push(obj);
  localStorage.plants = JSON.stringify(list);
}
function renderPlants() {
  plants.innerHTML = '';
  JSON.parse(localStorage.plants || '[]').forEach((p, i) => {
    plants.innerHTML += `<article data-id="${i}"><img src="${p.
img}"><h3>${p.name}</h3><p>Water every ${p.days}d</p><p>Last: ${p.
last}</p><button class="water">물 주기</button></article>`;
  });
}
```

이제 카드가 나타나고 계속 유지됩니다.

추가로 시도해 볼 수 있는 아이디어

➢ 식물 삭제 기능을 추가해 보세요.

3단계: 급수 처리와 기한 표시하기

프롬프트

'물 주기' 버튼을 누르면 마지막 급수 날짜를 업데이트하고 다음 물 주기까지 카드 테두리를 초록색으로 표시해 줘.

예시 응답 코드: 업데이트 핸들러

```
plants.addEventListener('click', e => {
  if (e.target.className === 'water') {
    const i= e.target.parentElement.dataset.i;
    const list = JSON.parse(localStorage.plants);
    list[i].last = new Date().toISOString().split('T')[0];
    localStorage.plants = JSON.stringify(list);
    renderPlants();
  }
```

```
});
```

이제 급수 상태가 새로고침됩니다.

추가로 시도해 볼 수 있는 아이디어

➢ 남은 일수를 카운터로 표시해 보세요.

4단계: 알림 기능

프롬프트

알림 권한을 요청한 다음 오늘 물을 주어야 하는 식물이 있으면 알림을 예약해 줘.

예시 응답 코드: 확인 코드

```
async function remind() {
  if (Notification.permission === 'default') await Notification.
requestPermission();
  if (Notification.permission === 'granted') {
    const list = JSON.parse(localStorage.plants || '[]');
    const today = new Date();
    list.forEach(p => {
      const diff = (today - new Date(p.last)) / 86400000;
      if (diff >= p.days) {
        new Notification(`Time to water ${p.name}!`);
      }
    });
  }
}
setInterval(remind, 6 * 60 * 60 * 1000);
```

추가로 시도해 볼 아이디어

➢ 매일 아침 정해진 시간에 트리거를 설정해 보세요.

5 단계: 식물 카드 스타일링하기

프롬프트

카드를 반응형 그리드에 정렬하고 식물 사진은 둥그랗게 보여 주고 물 주기 기한이 지난 식물의 카드 테두리를 빨간색으로 바꿔 줘.

예시 응답 코드: 간결한 CSS

```
#plants {
  display: grid;
  grid-template-columns: repeat(auto-fit, minmax(180px, 1fr));
  gap: 16px;
  padding: 20px;
}
article {
  background: #fff;
  padding: 10px;
  border: 2px solid #ccc;
  border-radius: 8px;
  text-align: center;
}
article.overdue {
  border-color: #e53935;
}
article img {
  width: 100%;
  height: 120px;
  object-fit: cover;
  border-radius: 6px;
}
```

이제 식물 관리기가 아기자기하고 보기 좋아졌습니다.

추가로 시도해 볼 수 있는 아이디어

➢ 라이트/다크 테마 토글을 추가해 보세요.

완성한 작업

이제 식물 급수 일정을 잊지 않게 도와주는 편리한 보조 도구를 만들었습니다.

기능 요약

- 사진과 급수 빈도 프로필에 추가
- 마지막 급수 날짜 업데이트
- 기한이 되면 로컬 알림
- 반응형 카드 그리드

보너스 과제

- 클라우드 스토리지를 통한 장치 간 동기화
- 관리 일정 캘린더 파일(ICS) 생성
- 식물별로 필요한 광량 제안

Tutorial 40

레시피 영양 계산기 만들기

목표

사용자가 다음을 할 수 있는 웹 도구를 만듭니다.

- 재료와 양을 입력하기
- 재료별 영양 성분을 가져오기
- 총 칼로리, 단백질, 지방, 탄수화물을 표시하기

도구

- HTML/CSS/자바스크립트
- Edamam 영양 분석 API (또는 USDA)

익힐 기술

- ➢ 문장으로 입력한 텍스트에서 재료 파싱
- ➢ 영양소 객체 합산하기
- ➢ 디바운스된 API 호출하기
- ➢ 영양 성분표 만들기

1단계: 재료 입력 영역 디자인하기

프롬프트

> 한 줄에 재료를 하나씩 입력할 수 있는 텍스트 영역(예: 계란 2개)과 '영양 성분 계산' 버튼을 추가해 줘.

예시 응답 코드: 간단한 양식 구조

```
<textarea id="ingredients" rows="6" placeholder="One ingredient per line"></textarea>
<button id="calc">영양 성분 계산</button>
<table id="summary">
  <thead>
    <tr>
      <th>칼로리</th>
      <th>단백질 (g)</th>
      <th>지방 (g)</th>
      <th>탄수화물 (g)</th>
    </tr>
  </thead>
  <tbody>
    <tr>
      <td colspan="4">-</td>
    </tr>
  </tbody>
</table>
```

이제 입력란과 결과 표가 준비됐습니다.

추가로 시도해 볼 수 있는 아이디어

➤ 예시 목록을 자리표시자(placeholder)에 추가해 보세요.

2단계: 영양 API 호출하기

프롬프트

'계산'을 누르면 재료 목록을 Edamam에 보내고 영양 성분를 기록해 줘.

예시 응답 코드: 페치(fetch) 함수

```
const appId = 'YOUR_ID',
       appKey = 'YOUR_KEY';[33]
async function analyse(lines) {
  const res = await fetch(`https://api.edamam.com/api/nutrition-
details?app_id=${appId}&app_key=${appKey}`, {
    method: 'POST',
    headers: {
      'Content-Type': 'application/json'
    },
    body: JSON.stringify({
      ingr: lines
    })
  });
  return res.json();
}
calc.onclick = async () => {
  const lines = ingredients.value.trim().split(/\n+/);
  const data = await analyse(lines);
  show(data.totalNutrients);
};
```

이제 영양 성분이 콘솔에 출력됩니다.

33 (옮긴이) Edamam.com에 회원 가입 후 ID와 키를 발급받아서 YOUR_ID, YOUR_KEY 항목을 수정해야 합니다.

추가로 시도해 볼 수 있는 아이디어

➢ 잘못된 입력에 대한 API 오류를 처리해 보세요.

3단계: 합계 표시하기

프롬프트

총 에너지, 단백질, 지방, 탄수화물을 소수점 첫째 자리로 반올림해 표의 셀에 채워 줘.

예시 응답 코드: 렌더러

```
function show(n) {
  summary.rows[1].cells[0].textContent = n.ENERC_KCAL.value.
toFixed(1);
  summary.rows[1].cells [1].textContent = n.PROCNT.value.
toFixed(1);
  summary.rows[1].cells [2].textContent = n. FAT.value.toFixed(1);
  summary.rows[1].cells [3].textContent = n.CHOCDF.value.
toFixed(1);
}
```

이제 결과가 화면에 표시됩니다.

추가로 시도해 볼 수 있는 아이디어

➢ 재료별 세부 사항 행을 아래에 추가해 보세요.

4단계: 1회 제공량 계산하기

프롬프트

1회 제공량 입력란을 추가하고 값이 바뀔 때마다 합계를 인원 수로 나눠 줘.

예시 응답 코드: 인원 수에 맞춘 조정

```
<input id="servings" type="number" min="1" value="4">
const base = [];
function show (n) {
  base [0] = n.ENERC_KCAL.value;
  base [1] = n.PROCNT.value;
  base [2]= n.FAT.value;
  base [3] = n.CHOCDF.value;
  update(+servings.value || 1);
}
function update(s) {
  base.forEach((val, i) => {
    summary.rows[1].cells[i].textContent = (val / s).toFixed(1);
  });
}
servings.oninput = () => update (+servings.value || 1);
```

이제 인원 수에 맞춰 영양 정보를 조정할 수 있습니다.

추가로 시도해 볼 수 있는 아이디어

➢ 1회 제공량이 변경될 때 API 호출을 업데이트해 보세요.

5단계: 계산기 스타일링하기

프롬프트

텍스트 영역을 가운데에 두고 요약표는 넓고 줄무늬 스타일로 만들고 칼로리 값은 굵게 강조 표시해 줘.

예시 응답 코드: 간단한 CSS 코드

```
textarea {
  width: 100%;
  max-width: 500px;
  margin: 20px auto;
  display: block;
  padding: 10px;
```

```
  font-family: monospace;
}
#summary {
  margin: 20px auto;
  border-collapse: collapse;
}
#summary th, #summary td {
  border: 1px solid #ddd;
  padding: 8px;
  text-align: center;
}
#summary tr:nth-child(even) {
  background: #fafafa;
}
#summary td:first-child {
  font-weight: bold;
}
```

이제 계산기가 깔끔하고 보기 쉬워졌습니다.

추가로 시도해 볼 수 있는 아이디어

➢ 다크 모드 토글을 추가해 보세요.

완성한 작업

어떤 레시피 목록이든 칼로리와 주요 영양소의 총합을 계산하는 영양 계산기를 만들었습니다.

기능 요약

➢ 텍스트 형식으로 재료 입력

➢ API로 실시간 영양 성분 분석

➢ 칼로리, 단백질, 지방, 탄수화물의 합계

➢ 인원 수에 따른 양 조절

보너스 과제

- 영양소 비율 파이 차트
- 즐겨찾는 레시피 저장
- 영양 성분표를 PDF로 내보내기

Tutorial 41
오늘의 긍정문 앱 만들기

목표

사용자가 다음을 사용할 수 있는 미니멀 페이지를 만듭니다.

- 긍정 확언 문구 추가하기
- 페이지 로드 시 무작위로 긍정문 표시하기
- '새로고침' 버튼으로 새 긍정문 표시하기

도구

- HTML/CSS/자바스크립트
- `localStorage`에 데이터 저장

익힐 기술

- 배열 조작
- 무작위 선택
- 간단한 페이드인 애니메이션 효과

1단계: 입력과 표시 영역 준비하기

프롬프트

> 긍정문을 위한 텍스트 필드, '추가' 버튼, 오늘의 긍정문을 보여 줄 넓은 영역, '새로고침' 버튼을 만들어 줘.

예시 응답 코드: 간단한 기본 구조

```
<input id="affirm" placeholder="Add an affirmation">
<button id="add">추가</button>
<main id="display">당신은 할 수 있습니다.</main>
<button id="refresh">새로고침</button>
```

이제 기본 UI가 준비됐습니다.

추가로 시도해 볼 수 있는 아이디어

- 모든 요소를 가운데에 세로로 정렬해 보세요.

2단계: 긍정문을 로컬에 저장하기

프롬프트

> '추가'를 누르면 문구를 브라우저에 저장하고 입력란을 비워 줘.

예시 응답 코드: 간단한 보조 도구 코드

```
add.onclick = () => {
  const txt = affirm.value.trim();
  if (!txt) return;
  const list = JSON.parse(localStorage.afs || `[]');
  list.push(txt);
  localStorage.afs = JSON.stringify(list);
  affirm.value = '';
};
```

이제 긍정문을 계속 볼 수 있습니다.

추가로 시도해 볼 수 있는 아이디어

➢ 중복을 방지해 보세요.

3단계: 무작위로 긍정문 표시하기

프롬프트

> 페이지 로드 시 저장된 긍정문 중 무작위로 하나를 선택하거나 기본 문구를 선택하여 긍정문 표시 영역에 서서히 나타나게 해 줘.

예시 응답 코드: 랜덤 선택 코드

```
function pick() {
  const list = JSON.parse(localStorage.afs || '[]');
  const choice = list.length ? list[Math.floor(Math.random() *
list.length)] : 'Believe in yourself.';
  display.style.opacity = 0;
  setTimeout(() => {
    display.textContent = choice;
    display.style.opacity = 1;
  }, 200);
}
window.onload = pick;
refresh.onclick = pick;
```

이제 클릭할 때마다 새 메시지가 나타납니다.

추가로 시도해 볼 수 있는 아이디어

➢ 단축키 R을 추가해 새로고침되도록 해 보세요.

4단계: 앱 스타일링하기

프롬프트

차분한 파스텔 배경, 긍정문에는 큰 세리프 글꼴, 페이드 애니메이션 효과를 은은하게 줘.

예시 응답 코드: 간단한 CSS 코드

```
body {
  display: flex;
  flex-direction: column;
  align-items: center;
  justify-content: center;
  height: 100vh;
  background: #f0f8ff;
  font-family: 'Georgia', serif;
  gap: 20px;
}
#display {
  font-size: 2rem;
  text-align: center;
  transition: opacity .3s;
  max-width: 600px;
}
button {
  padding: 8px 16px;
  border: none;
  border-radius: 6px;
  background: #4caf50;
  color: #fff;
  cursor: pointer;
}
```

이제 페이지가 희망차고 깔끔하게 보입니다.

추가로 시도해 볼 수 있는 아이디어

➢ 다크 모드 색상을 추가해 보세요.

완성한 작업

격려가 필요할 때마다 랜덤으로 긍정문을 보여 주는 기분 좋은 앱을 만들었습니다.

기능 요약

➢ 맞춤형 긍정문 추가

➢ 로드 또는 클릭 시 무작위로 선택

➢ 부드러운 페이드인 효과

➢ 브라우저에 저장하고 유지

보너스 과제

➢ 긍정문을 엑스에 공유하기

➢ 날마다 푸시 알림 예약하기

➢ 좋아하는 명언을 CSV로 가져오기

Tutorial 42
사진 밈 생성기 만들기

목표

사용자는 다음을 하는 웹 도구를 만듭니다.

➢ 이미지 업로드하기

➢ 위아래에 텍스트 캡션 추가하기

➢ 완성된 밈 다운로드하기

도구

➢ HTML/CSS/자바스크립트

➢ Canvas API

익힐 기술

- 파일 입력 처리하기
- 캔버스에 텍스트 그리기
- 캔버스를 이미지 파일로 저장하기

1단계: 업로드와 캡션 양식 구성하기

프롬프트

이미지 파일 선택기, 위아래에 텍스트 필드, '생성' 버튼을 추가해 줘.

예시 응답 코드: 간단한 기본 구조

```
<input type="file" id="img" accept="image/*">
<input id="top" placeholder="Top text">
<input id="bottom" placeholder="Bottom text">
<button id="gen">생성</button>
<canvas id="meme" width="500" height="500"></canvas>
```

이제 입력란과 빈 캔버스가 준비됐습니다.

추가로 시도해 볼 수 있는 아이디어

- 캔버스를 자동으로 가운데에 배치해 보세요.

2단계: 밈 그리기

프롬프트

'생성'을 누르면 이미지를 캔버스에 그리고 텍스트를 굵은 흰색으로 하고 검은색 외곽선으로 덮어씌워 줘.

예시 응답 코드: 그리기 도구 코드

```
function draw(img) {
  const ctx = meme.getContext('2d');
  ctx.drawImage(img, 0, 0, meme.width, meme.height);
  ctx.font = '40px Impact';
  ctx.textAlign = 'center';
  ctx.fillStyle = '#fff';
  ctx.strokeStyle = '#000';
  ctx.lineWidth = 3;
  ctx.fillText(top.value.toUpperCase(), meme.width / 2, 50);
  ctx.strokeText(top.value.toUpperCase(), meme.width / 2, 50);
  ctx.fillText(bottom.value.toUpperCase(), meme.width / 2, meme.
height - 20);
  ctx.strokeText(bottom.value.toUpperCase(), meme.width / 2, meme.
height - 20);
}
```

이제 밈이 캔버스에 표시됩니다.

추가로 시도해 볼 수 있는 아이디어

➢ 캡션이 너비에 맞도록 글꼴 크기를 조절해 보세요.

3단계: 결과 저장하기

프롬프트

캔버스를 meme.png라는 PNG 파일로 저장하는 '다운로드' 버튼을 추가해 줘.

예시 응답 코드: 다운로드 코드

```
download.onclick  () => {
  const link = document.createElement('a');
  link.download = 'meme.png';
  link.href = meme.toDataURL('image/png');
  link.click();
};
```

이제 밈을 저장할 수 있습니다.

추가로 시도해 볼 수 있는 아이디어

➢ JPEG 저장 옵션을 제공해 보세요.

4단계: 생성기 스타일링하기

프롬프트

어두운 배경을 사용하고 폼을 가운데에 배치하고 캔버스에 은은한 그림자를 추가해 줘.

예시 응답 코드: 간단한 CSS 블록

```
body {
  background: #222;
  color: #eee;
  display: flex;
  flex-direction: column;
  align-items: center;
  gap: 12px;
  padding-top: 40px;
  font-family: sans-serif;
}
canvas {
  box-shadow: 0 4px 8px rgba(0,0,0,.6);
}
```

이제 밈 생성기가 세련되게 보입니다.

추가로 시도해 볼 수 있는 아이디어

➢ 캔버스 크기를 화면 크기에 맞춰 보세요.

완성한 작업

SNS에 공유할 수 있는 간단한 밈 생성기를 만들었습니다.

기능 요약

- ➢ 이미지 업로드
- ➢ 캡션 필드 두 개 추가
- ➢ 아웃라인 텍스트가 있는 캔버스 렌더링
- ➢ 완성된 밈 다운로드

보너스 과제

- ➢ 이모티콘 스티커 추가
- ➢ Giphy 검색을 연동해 이미지 가져오기
- ➢ 클릭 한 번으로 엑스에 공유

Tutorial 43
언어 번역기 만들기

목표

사용자가 다음을 하는 간단한 웹 번역기를 만듭니다.

- ➢ 하나의 언어로 텍스트 입력하기
- ➢ 대상 언어 선택하기
- ➢ 번역된 텍스트를 즉시 확인하기

도구

- ➢ HTML/CSS/자바스크립트
- ➢ LibreTranslate가 제공하는 공개 API

익힐 기술

- ➢ POST 요청으로 데이터 가져오기
- ➢ 선택한 입력값 처리하기

➢ 사용자 입력 디바운싱하기

➢ DOM 동적으로 업데이트하기

1단계: 번역기 인터페이스 배치하기

프롬프트

소스 텍스트를 입력할 텍스트 영역, 출발 언어와 도착 언어의 드롭다운, '번역' 버튼과 결과 상자를 만들어 줘.

예시 응답 코드: 기본 레이아웃

```
<textarea id="src" rows="4" placeholder="이곳에 텍스트를 입력하세요..."></
textarea>
<select id="from">
  <option value="auto">Auto-detect</option>
</select>
<select id="to"></select>
<button id="go">번역</button>
<p id="out"></p>
```

이제 기본 UI 구조가 준비됐습니다.

추가로 시도해 볼 수 있는 아이디어

➢ 선택 드롭다운을 한 줄에 배치해 보세요.

2단계: 사용 가능한 언어 불러오기

프롬프트

페이지 로드 시 LibreTranslate에서 언어 목록을 가져와서 두 드롭다운에 목록을 채워 줘.

예시 응답 코드: 페치(fetch) 보조 코드

```
async function loadLangs () {
  const res = await fetch('https://libretranslate.de/languages');
  const langs = await res.json();
  langs.forEach(l => {
    from.appendChild(new Option(l.name, l.code));
    to.appendChild(new Option(l.name, l.code));
});
  to.value = 'en';
}
window.onload = loadLangs;
```

이제 드롭다운에 언어 선택이 표시됩니다.

추가로 시도해 볼 수 있는 아이디어

➢ 알파벳순으로 정렬해 보세요.

3단계: 텍스트 번역하기

프롬프트

'번역'을 클릭하면 API로 텍스트와 언어 코드를 보내고 번역문을 보여 줘.

예시 응답 코드: 번역 호출 코드

```
go.onclick = async () => {
  out.textContent = '...';
  const res = await fetch('https://libretranslate.de/translate', {
    method: 'POST',
    headers: {
      'Content-Type': 'application/json'
    },
    body: JSON.stringify({
      q: src.value,
      source: from.value,
      target: to.value,
      format: 'text'
```

```
    })
  });
  const data = await res.json();
  out.textContent = data.translatedText;
});
```

이제 즉시 번역문을 확인할 수 있습니다.

추가로 시도해 볼 수 있는 아이디어

➢ 입력란이 비어 있다면 적절하게 처리해 보세요.

4단계: 입력 디바운싱하기

프롬프트

사용자가 입력을 멈추면 버튼을 누르지 않아도 0.6초 뒤에 자동으로 번역해 줘.

예시 응답 코드: 간단한 디바운스 코드

```
let t;
src.addEventListener('input', () => {
  clearTimeout(t);
  t = setTimeout(() => go.click(), 600);
});
```

이제 번역이 실시간으로 업데이트됩니다.

추가로 시도해 볼 수 있는 아이디어

➢ 새 입력이 시작되면 기존 요청을 취소해 보세요.

5단계: 번역기 스타일링하기

프롬프트

페이지 가운데에 깔끔한 카드를 만들고 데스크톱에서는 두 열 레이아웃으로 나타내고 결과에 고정폭 글꼴을 사용해 줘.

예시 응답 코드: 간단한 CSS 블록 코드

```
body {
  display: flex;
  justify-content: center;
  padding: 40px;
  font-family: sans-serif;
}
#card {
  max-width: 600px;
  width: 100%;
  background: #fff;
  padding: 20px;
  border-radius: 8px;
  box-shadow: 0 2px 6px rgba(0,0,0,.1);
}
#out {
  white-space: pre-wrap;
  font-family: monospace;
  margin-top: 16px;
}
```

이제 번역기가 깔끔하고 사용하기 쉬워 보입니다.

추가로 시도해 볼 수 있는 아이디어

➢ 다크 모드 색상을 추가해 보세요.

완성한 작업

무료 온라인 API로 가벼운 번역기를 만들었습니다.

기능 요약

- ➢ 텍스트 자동 감지와 번역
- ➢ 실시간 언어 목록
- ➢ 디바운스 처리된 자동 번역
- ➢ 깔끔한 반응형 디자인

보너스 과제

- ➢ 텍스트를 소리로 읽어 주는 기능(TTS) 추가
- ➢ 번역문을 클립보드에 복사하기
- ➢ 클릭 한 번으로 언어 바꾸기

Tutorial 44
코드 조각 관리자 만들기

목표

개발자가 다음을 할 수 있는 도구를 만듭니다.

- ➢ 제목, 언어 태그와 함께 코드 조각 저장하기
- ➢ 코드 조각 즉시 검색하기
- ➢ 코드 조각을 클립보드에 복사하기

도구

- ➢ HTML/CSS/자바스크립트
- ➢ 문법 강조를 위한 Prism.js

익힐 기술

- ➢ `localStorage` 배열
- ➢ 실시간 필터링

➢ Clipboard API

➢ 강조된 코드 블록 렌더링

1단계: 코드 조각 양식과 목록 설정하기

프롬프트

제목, 언어(선택), 코드 텍스트 영역, '저장' 버튼, 검색 상자, 빈 목록 영역을 위한 필드를 추가해 줘.

예시 응답 코드

```
<input id="title" placeholder="Snippet title">
<select id="lang">
  <option>javascript</option>
  <option>python</option>
  <option>html</option>
</select>
<textarea id="code" rows="6" placeholder="Paste code here"></
textarea>
<button id="save">저장</button>
<input id="search" placeholder="코드 검색...">
<section id="snippets"></section>
```

이제 기본 관리자 UI가 생겼습니다.

추가로 시도해 볼 수 있는 아이디어

➢ 선택 목록에 언어를 더 많이 추가해 보세요.

2단계: 코드 조각을 로컬에 저장하기

프롬프트

'저장'을 클릭하면 코드 조각을 로컬에 저장하고 목록을 새로고침해 줘.

예시 응답 코드

```
function load() {
  return JSON.parse(localStorage.snips || '[]');
}
function render (list) {
  snippets.innerHTML = list.map((s, i) => '<article data-
i="${i}"><h3>${s.title}</h3><pre><code class="language-
${s.lang}">${Prism.escapeHtml(s.code)}</code></pre><button
class="copy">복사</button></article>').join('');
  Prism.highlightAll();
}
save.onclick = () => {
  const snips = load();
  snips.push({
    title: title.value,
    lang: lang.value,
    code: code.value});
  localStorage.snips = JSON.stringify(snips);
  render(snips);
};
window.onload = () => render(load());
```

이제 코드 조각을 저장하면 강조도 함께 표시됩니다.

추가로 시도해 볼 아이디어

➢ 저장 후 입력란을 비워 보세요.

3단계: 실시간 검색 구현하기

프롬프트

검색 상자에 입력할 때 코드 조각을 제목이나 코드로 즉시 필터링해 줘.

예시 응답 코드

```
search.oninput = () => {
  const q = search.value.toLowerCase();
  render(load().filter(s => s.title.toLowerCase().includes(q) ||
s.code.toLowerCase().includes(q)));
};
```

이제 코드 조각을 빠르게 찾을 수 있습니다.

추가로 시도해 볼 수 있는 아이디어

➢ 일치하는 텍스트를 강조 표시해 보세요.

4단계: 클립보드에 복사하기

프롬프트

코드 조각에서 '복사' 버튼을 누르면 코드를 클립보드에 복사하고 버튼에 '복사됨!' 메시지를 보여 줘.

예시 응답 코드

```
snippets.addEventListener('click', async e => {
  if (e.target.className === 'copy') {
    const idx = e.target.parentElement.dataset.i;
    await navigator.clipboard.writeText(load()[idx].code);
    e.target.textContent = '복사됨!';
    setTimeout(() => e.target.textContent = 'Copy', 1500);
  }
});
```

이제 복사 기능이 매끄럽게 작동합니다.

추가로 시도해 볼 수 있는 아이디어

➤ 더블클릭으로도 복사 기능을 지원해 보세요.

5단계: 관리자 스타일링하기

프롬프트

코드 조각을 두 열의 메이슨리(masonry) 레이아웃[34]으로 만들고 카드에 부드러운 음영을 넣고 언어 레이블은 색상으로 구분해 줘.

예시 응답 코드

```
#snippets {
  column-count: 2;
  gap: 16px;
  padding: 20px;
}
article {
  display: inline-block;
  width: 100%;
  background: #fff;
  border-radius: 6px;
  box-shadow: 0 2px 4px rgba(0,0,0,.1);
  margin: 0 0 16px;
  padding: 12px;
}
pre {
  overflow: auto;
  max-height: 200px;
}
```

이제 코드 조각 관리자가 세련되고 실용적으로 보입니다.

34 (옮긴이) 카드들이 벽돌 쌓기처럼 빈틈을 최소화하며 위→아래로 촘촘히 채워지는 비대칭 그리드 레이아웃

추가로 시도해 볼 수 있는 아이디어

- 다크 테마 토글을 추가해 보세요.

완성한 작업

검색, 강조, 간단한 복사 기능을 갖춘 편리한 코드 조각 저장소를 만들었습니다.

기능 요약

- 언어와 함께 코드 조각 저장
- Prism.js 문법 강조
- 즉각적인 검색 필터
- 코드를 클립보드에 복사

보너스 과제

- 코드 조각을 JSON으로 가져오기·내보내기
- 카테고리별로 코드 조각 태그 지정하기
- 파이어베이스(Firebase)로 클라우드 동기화하기

Tutorial 45
가상 화이트보드 만들기

목표

사용자가 다음을 할 수 있는 온라인용 화이트보드를 만듭니다.

- 마우스로 자유롭게 스케치하기
- 선 색상과 굵기 선택하기
- 보드를 지우거나 이미지로 다운로드하기

도구

- ➢ HTML/CSS/자바스크립트
- ➢ Canvas API

익힐 기술

- ➢ 마우스/터치 이벤트 처리하기
- ➢ 캔버스에 경로 그리기
- ➢ 캔버스를 PNG로 내보내기
- ➢ 간단한 UI 제어

1단계: 캔버스와 컨트롤 배치하기

프롬프트

화면 너비를 가득 채우며 높이가 600px인 캔버스, 색상과 크기 슬라이더, ‘지우기’와 ‘다운로드’ 버튼을 만들어 줘.

예시 응답 코드

```
<canvas id="board" width ="900" height="600"></canvas>
<input type="color" id="colour" value="#000000">
<input type="range" id="size" min="1" max="20" value="4">
<button id="clear">지우기</button>
<button id="save">다운로드</button>
```

이제 빈 화이트보드와 기본 도구가 생겼습니다.

추가로 시도해 볼 수 있는 아이디어

- ➢ 캔버스 위쪽에 도구 모음으로 컨트롤을 배치해 보세요.

2단계: 자유롭게 그리기

프롬프트

캔버스에서 드래그하면 커서를 따라 선이 그려지는 코드를 추가해 줘.

예시 응답 코드

```
const ctx = board.getContext('2d');
let drawing = false;
board.addEventListener('mousedown', e => {
  drawing = true;
  ctx.beginPath();
  ctx.moveTo(e.offsetX, e.offsetY);
});
board.addEventListener('mousemove', e => {
  if (drawing) {
    ctx.lineTo(e.offsetX, e.offsetY);
    ctx.stroke();
  }
});
window.addEventListener('mouseup', () => drawing = false);
```

이제 화이트보드에 스케치할 수 있습니다.

추가로 시도해 볼 수 있는 아이디어

➢ 스마트폰에서 사용할 터치 이벤트를 지원해 보세요.

3단계: 색상과 선 굵기 변경하기

프롬프트

색상 선택기와 크기 슬라이더로 캔버스 선 스타일을 실시간으로 반영해 줘.

예시 응답 코드

```
colour.oninput = () => ctx.strokeStyle = colour.value;
size.oninput = () => ctx.lineWidth = size.value;
ctx.strokeStyle = colour.value;
ctx.lineWidth = size.value;
```

이제 사용자가 선택한 스타일에 따라 선이 그려집니다.

추가로 시도해 볼 수 있는 아이디어

➢ 미리 설정한 색상 견본을 추가해 보세요.

4단계: 보드 지우기

프롬프트

지우기를 누르면 캔버스가 지워지고 빈 배경만 남는 기능을 추가하 줘.

예시 응답 코드

```
clear.onclick = () => ctx.clearRect(0, 0, board.width, board.
height);
```

이제 언제든지 새로 시작할 수 있습니다.

추가로 시도해 볼 수 있는 아이디어

➢ 지우기 전에 확인 메시지를 띄워 보세요.

5단계: 이미지로 다운로드하기

프롬프트

다운로드를 클릭하면 캔버스를 whiteboard.png로 저장하는 코드를 추가해 줘.

예시 응답 코드

```
save.onclick = () => {
  const link = document.createElement('a');
  link.download = 'whiteboard.png';
  link.href = board.toDataURL('image/png');
  link.click();
};
```

이제 그림을 공유할 수 있습니다.

추가로 시도해 볼 수 있는 아이디어

➢ JPG 형식을 제공해 보세요.

완성한 작업

맞춤형 브러시를 고르는 기능과 다운로드 기능이 있는 디지털 화이트보드를 만들었습니다.

기능 요약

➢ 캔버스에 자유롭게 그리기

➢ 색상, 선 굵기 변경하기

➢ 보드 지우기 기능

➢ 보드를 PNG로 저장하기

보너스 과제

➢ 웹소켓으로 다중 사용자 보드 만들기

➢ 실행 취소·재실행 기능

➢ 지우개 모드

Tutorial 46
영화 티켓 예매 데모 웹 페이지 만들기

목표

사용자가 다음을 할 수 있는 데모 예매 페이지를 만듭니다.

- 영화와 상영 시간 선택하기
- 영화관 좌석 배치도를 보고 좌석 선택하기
- 총액을 확인하고 예매 확정하기

도구

- HTML/CSS/자바스크립트

익힐 기술

- 그리드 레이아웃
- 좌석 상태를 위한 데이터 속성
- 이벤트 위임
- 가격 계산

1단계: 영화, 상영 시간을 선택하고 좌석을 배정하기

프롬프트

영화와 시간 선택 드롭다운, 그리고 컨테이너 안에 6행 × 8열의 좌석 그리드를 추가해 줘.

예시 응답 코드

```
<select id="film">
  <option value="10">어쩔수가없다 (₩14000)</option>
```

```
  <option value="8">원 배틀 애프터 어나더 (₩10000)</option>
</select>
<select id="time">
  <option>18:00</option>
  <option>20:30</option>
</select>
<div id="screen"></div>
<section id="seats"></section>
<p>Total: ₩<span id="total">0</span></p>
<button id="book">Confirm Booking</button>
```

이제 영화 예매 인터페이스가 준비됐습니다.

추가로 시도해 볼 수 있는 아이디어

➢ 위의 '미니 스크린 바'를 스타일링해 보세요.

2단계: 좌석 버튼 렌더링하기

프롬프트

A1 - H6 레이블이 붙은 좌석 div를 48개 만들고 몇 개는 예약된 상태로 표시해 줘.

예시 응답 코드

```
const alphabet = 'ABCDEFGH';
for (let r = 0; r < 6; r++) {
  for (let c = 0; c < 8; c++) {
    const seat = document.createElement('div');
    seat.textContent = alphabet[c] + (r + 1);
    seat.className = 'seat';
    if (Math.random() < 0.1) seat.classList.add('taken');
    seats.appendChild(seat);
  }
}
```

이제 좌석이 그리드에 채워집니다.

추가로 시도해 볼 수 있는 아이디어

➢ 좌석별 관람료를 위한 데이터 속성(data-attribute)을 사용해 보세요.

3단계: 좌석 선택하기, 선택 해제하기

프롬프트

빈 좌석을 클릭하면 초록색으로 토글하고 '총 요금 = 티켓 요금 × 좌석 수'로 업데이트해 줘.

예시 응답 코드

```
seats.addEventListener('click', e => {
  if (!e.target.classList.contains('seat') ||
e.target.classList.contains('taken')) return;
  e.target.classList.toggle('selected');
  const count = document.querySelectorAll('.seat.selected').length;
  total.textContent = count * +film.value;
});
film.onchange = () => seats.dispatchEvent(new Event('click'));
```

추가로 시도해 볼 수 있는 아이디어

➢ 선택한 좌석 번호를 요약 목록에 표시해 보세요.

4단계: 예매 확정하기

프롬프트

예매 확정을 누르면 선택된 좌석 번호를 알림으로 띄우고 '예매됨'으로 표시한 뒤 선택을 해제해 줘.

예시 응답 코드

```
book.onclick = () => {
  const chosen = [...document.querySelectorAll('.seat.selected')];
```

```
  if (!chosen.length) return alert('No seats selected.');
  alert(`Booked: ${chosen.map(s=>s.textContent).join(', ')} `);
  chosen.forEach(s => {
    s.classList.remove('selected');
    s.classList.add('taken');
  });
  total.textContent = '0';
};
```

이제 예매 데모 페이지가 완료되었습니다.

추가로 시도해 볼 수 있는 아이디어

➢ localStorage에 예매 내역을 저장해 보세요.

5단계: 좌석 그리드 스타일링하기

프롬프트

좌석을 작은 사각형으로 만들고 좌석 선택 시 초록색, 예약 중일 때는 빨간색, 호버 시 회색으로 표시하고 그리드는 가운데에 배치해 줘.

예시 응답 코드

```
#seats {
  display: grid;
  grid-template-columns: repeat(8,40px);
  gap: 6px;
  justify-content: center;
  margin: 20px 0;
}
.seat {
  width: 40px;
  height: 40px;
  background: #eee;
  display: flex;
  align-items: center;
  justify-content: center;
  cursor: pointer;
```

```
  border-radius: 4px;
  font-size: 12px;
}
.seat.selected {
  background: #4caf50;
  color: #fff;
}
.seat.taken {
  background: #e53935;
  color: #fff;
  cursor: not-allowed;
}
.seat:not(.taken):hover {
  background: #bbb;
}
```

이제 데모 페이지는 실제로 영화관 좌석을 고르는 화면처럼 보입니다.

추가로 시도해 볼 수 있는 아이디어

➢ 모바일 환경에 맞춘 레이아웃을 만들어 보세요.

완성한 작업

좌석 선택과 요금 계산 기능을 갖춘 티켓 예매 데모 페이지를 만들었습니다.

기능 요약

➢ 영화와 시간 선택 드롭다운

➢ 직접 선택할 수 있는 좌석 배치도

➢ 실시간으로 총액 계산

➢ 예약 확정 시 좌석을 '예매됨'으로 바꾸기

보너스 과제

➢ 구역별, 시간별, 요일별 차등 요금 설정

- 예매를 저장하는 백엔드 스텁[35]
- 예매 완료 시 QR 코드로 티켓 발급

Tutorial 47
마인드맵 도구 만들기

목표

사용자가 다음을 할 수 있는 간단한 비주얼 마인드맵을 만듭니다.

- 노드에 텍스트 추가하기
- 노드를 주변으로 드래그하여 이동하기
- 노드 사이에 연결선 그리기

도구

- HTML/CSS/자바스크립트
- 연결을 위한 SVG

익힐 기술

- 고정 위치 지정
- 드래그 앤 드롭 로직
- 동적 SVG 선 그리기
- 노드 데이터 구조 관리

35 (옮긴이) 프런트엔드가 호출할 수 있는 가짜(임시) 백엔드

1단계: 캔버스와 노드 추가 버튼 만들기

프롬프트

> 맵 영역으로 쓸 큰 div 컨테이너, '노드 추가' 버튼, 선을 그릴 SVG 오버레이를 만들어 줘.

예시 응답 코드

```
<button id="add">노드 추가</button>
<div id="map"></div>
<svg id="links"></svg>
```

이제 빈 마인드맵 캔버스가 준비됐습니다.

추가로 시도해 볼 수 있는 아이디어

➢ 맵의 높이를 뷰포트(viewport)[36] 높이의 100%로 설정해 보세요.

2단계: 드래그할 수 있는 노드 추가하기

프롬프트

> '노드 추가'를 클릭하면 맵 가운데에 텍스트를 편집할 수 있는 작은 이동식 div를 만들어 줘.

예시 응답 코드

```
let id = 0;
function createNode() {
  const n= document.createElement('div');
  n.className = 'node';
  n.contentEditable = true;
  n.style.left = '50%';
```

36 (옮긴이) 브라우저가 웹 페이지를 화면에 나타내는 가시 영역

```
  n.style.top = '50%';
  n.dataset.id = id++;
  map.appendChild(n);
  enableDrag(n);
}
add.onclick = createNode;
```

이제 새 노드가 만들어졌고 텍스트를 입력할 수 있습니다.

추가로 시도해 볼 수 있는 아이디어

➢ 노드 텍스트에 자동으로 커서가 이동하도록 해 주세요.

3단계: 드래그 기능 구현하기

프롬프트

마우스로 노드를 이동하면 좌표를 업데이트해 줘.

예시 응답 코드

```
function enableDrag(el) {
  el.onpointerdown = e => {
    const startX = e.clientX - el.offsetLeft,
      startY = e.clientY - el.offsetTop;
    function move(ev) {
      el.style.left = ev.clientX - startX + 'px';
      el.style.top = ev.clientY - startY + 'px';
      drawLines();
    }
    window.addEventListener('pointermove', move);
    window.onpointerup = () => window.removeEventListener('pointerm
ove', move);
  };
}
```

이제 노드의 위치를 마음대로 바꿀 수 있습니다.

추가로 시도해 볼 수 있는 아이디어

➢ 노드가 맵의 경계를 벗어나지 않도록 해 보세요.

4단계: 노드 연결하기

프롬프트

> Ctrl 키를 누른 상태에서 두 노드를 클릭하면 중심을 연결하는 직선 SVG를 그려 줘.

예시 응답 코드

```
let first = null;
map.addEventListener('click', e => {
  if (!e.ctrlKey || !e.target.classList.contains('node')) return;
  if (!first) {
    first = e.target;
    first.classList.add('sel');
  } else {
    const second = e.target;
    const line = document.createElementNS('http://www.w3.org/2000/
svg', 'line');
    line.dataset.a = first.dataset.id;
    line.dataset.b = second.dataset.id;
    line.setAttribute('stroke', '#888');
    line.setAttribute('stroke-width', '2');
    links.appendChild(line);
    first.classList.remove('sel');
    first = null;
    drawLines();
}
});
```

이제 노드를 옮겨도 선이 계속 연결됩니다.

추가로 시도해 볼 수 있는 아이디어

➢ 선을 클릭해 삭제할 수 있게 해 보세요.

5단계: 마인드맵 스타일링하기

프롬프트

노드를 은은한 그림자가 깔린 파스텔 색의 사각형으로 만들고 호버 시 애니메이션을 적용해 줘.

예시 응답 코드

```
#map {
  position: relative;
  background: #fdfdfd;
  border: 1px solid #ddd;
  height: 80vh;
  margin-top: 10px;
  overflow: hidden;
}
.node {
  position: absolute;
  min-width: 120px;
  min-height: 40px;
  background: #fff7c4;
  border-radius: 6px;
}
  box-shadow: 0 2px 4px rgba(0,0,0,.2);
  padding: 8px;
  cursor: move;
  transition: transform .1s;
}
.node:hover {
  transform: scale(1.03);
}
```

이제 상호작용할 수 있으면서 보기 좋은 마인드맵이 완성되었습니다.

추가로 시도해 볼 수 있는 아이디어

➢ 마우스 휠로 전체 맵을 확대·축소해 보세요.

완성한 작업

드래그할 수 있고 연결 기능이 있는 마인드맵 작성 공간을 만들었습니다.

기능 요약

- ➢ 편집할 수 있는 노드 추가
- ➢ 원하는 위치로 노드를 드래그
- ➢ Ctrl 키를 누른 상태에서 노드 두 개를 클릭해 노드 연결
- ➢ 이동 시 선 업데이트

보너스 과제

- ➢ 맵을 JSON으로 저장하고 불러오기
- ➢ 색상별로 노드 그룹화
- ➢ 노드 내부에 마크다운 지원 추가

Tutorial 48
은퇴 카운트다운 만들기

목표

사용자에게 다음을 알려 주는 페이지를 만듭니다.

- ➢ 선택한 은퇴일까지 정확히 남은 시간
- ➢ 실시간으로 카운트다운 업데이트하기
- ➢ 중요한 시점(1년, 100일) 강조하기

도구

- ➢ HTML/CSS/자바스크립트

익힐 기술

- ➢ Date 객체 작업
- ➢ setInterval 타이머
- ➢ 기본 시간 계산과 형식 지정

1단계: 생년월일과 은퇴 연령 수집하기

프롬프트

생년월일 선택 드롭다운, 은퇴 연령 숫자 필드(기본값: 65), '시작' 버튼을 추가해 줘.

예시 응답 코드

```
<label>DOB <input type="date" id="dob"></label>
<label>Retire at <input type="number" id="age" value="65" min="40"
max="80"></label>
<button id="calc">카운트다운 시작</button>
<h2 id="output"></h2>
```

이제 입력란과 출력 창이 생겼습니다.

추가로 시도해 볼 수 있는 아이디어

- ➢ 자리표시자에 시작/마지막 날짜를 추가해 보세요.

2단계: 목표 날짜 계산하기

프롬프트

'시작'을 누르면 '은퇴 날짜 = 생년월일 + 연령'으로 계산해 줘.

예시 응답 코드

```
function targetDate() {
  const b = new Date(dob.value);
  return new Date (b.getFullYear() + +age.value, b.getMonth(), b.getDate());
}
```

이제 미래의 은퇴 날짜를 알 수 있습니다.

추가로 시도해 볼 수 있는 아이디어

➢ 날짜가 이미 지났으면 조정해 보세요.

3단계: 실시간 카운트다운 표시하기

프롬프트

남은 연, 일, 시, 분, 초를 표시하고 매초마다 업데이트해 줘.

예시 응답 코드

```
let timer;
calc.onclick = () => {
  clearInterval(timer);
  timer = setInterval(() => {
    const diff = targetDate() - Date.now();
    if (diff <= 0) return output.textContent = '🎉 퇴임을 축하드립니다!';
    const yrs = Math.floor(diff / 31557600000);
    const days = Math.floor(diff % 31557600000 / 86400000);
    const hrs = Math.floor(diff % 86400000 / 3600000);
    const mins = Math.floor(diff % 3600000 / 60000);
    const secs = Math.floor(diff % 60000 / 1000);
    output.textContent = `${yrs}y ${days}d ${hrs}h ${mins}m ${secs}s`;
  }, 1000);
};
```

이제 카운트다운이 실시간으로 진행됩니다.

추가로 시도해 볼 수 있는 아이디어

➢ 단위 앞에 0을 추가해 보세요.

4단계: 중요한 시점 강조하기

프롬프트

딱 365일 또는 100일이 남았다면 카운트다운 아래에 메시지를 표시해 줘.

예시 응답 코드

```
const note = document.createElement('p');
output.after(note);
function milestone (diff) {
  const daysLeft = Math.floor(diff / 86400000);
  if (daysLeft === 365) note.textContent = '퇴임까지 1년 남았습니다!';
  else if (daysLeft === 100) note.textContent = '퇴임까지 100일 남았습니
다!';
  else note.textContent = '';
}
```

이제 중요한 시점이 되면 자동으로 알려 줍니다.

추가로 시도해 볼 수 있는 아이디어

➢ 마지막 날에는 종이 꽃가루를 날려 보세요.

완성한 작업

중요한 시점에 알림이 울리는 실시간 은퇴일 카운트다운을 만들었습니다.

기능 요약

- 생년월일과 은퇴 연령 입력
- 실시간 카운트다운 타이머
- 중요한 시점인 1년, 100일 남았을 때의 메시지
- 간단하고 공유할 수 있는 페이지

보너스 과제

- 다크 모드 스위치
- 예상되는 저축 그래프 추가하기
- 카운트다운을 임베드할 수 있는 배지로 내보내기

Tutorial 49
소셜 미디어 게시물 예약 만들기

목표

사용자가 게시물 초안을 작성하고 알림을 받아 게시 시점을 놓치지 않게 합니다.

- 날짜와 시간을 지정해 콘텐츠 작성하기
- 예약된 게시물 목록 보기
- 시간이 되면 브라우저 알림 보내기

도구

- HTML/CSS/자바스크립트
- Notification API와 `localStorage`

익힐 기술

- `datetime` 입력 파싱

- ➢ 시간별로 배열 정렬
- ➢ 지연된 동작에 setTimeout 사용
- ➢ CRUD[37] 목록 렌더링

1단계: 게시물 양식과 예약 목록 만들기

프롬프트

게시물 텍스트 영역, datetime-local 선택기, '예약' 버튼, 곧 게시될 예약 게시물 목록을 추가해 줘.

예시 응답 코드

```
<textarea id="text" rows="3" placeholder="게시물을 작성하세요..."></
textarea>
<input type="datetime-local" id="when">
<button id="schedule">예약 목록</button>
<ul id="queue"></ul>
```

이제 예약 목록 인터페이스가 준비되었습니다.

추가로 시도해 볼 수 있는 아이디어

- ➢ 엑스처럼 텍스트를 280자로 제한해 보세요.

2단계: 게시물 저장하기, 표시하기

프롬프트

예약을 클릭하면 입력 내용을 저장하고 정렬된 목록을 시간순으로 새로고침해 줘.

37 (옮긴이) 데이터를 생성(Create), 조회(Read), 수정(Update), 삭제(Delete)하는 기본 처리 동작을 의미하는 약어

예시 응답 코드

```
function load() {
  return JSON.parse(localStorage.posts || '[]');
}
function save(list) {
  localStorage.posts = JSON.stringify(list);
}
function render() {
  queue.innerHTML = load().map((p, i) => `<li data-i="${i}">${new
Date(p.time).toLocaleString()} - ${p.text} <button class="del">X</
button></li>`).join('');
}
schedule.onclick = () => {
  const list = load();
  list.push({
    text: text.value,
    time: when.value});
  list.sort((a, b) => new Date(a.time) - new Date(b.time));
  save(list);
  render();
  text.value = '';
}
window.onload = render;
```

이제 게시물이 저장되고 목록이 표시됩니다.

추가로 시도해 볼 수 있는 아이디어

➢ 예약된 게시물의 카운터를 표시해 보세요.

3단계: 예약된 게시물 삭제하기

프롬프트

X를 클릭하면 해당 게시물을 스토리지와 목록에서 제거해 줘.

예시 응답 코드

```
queue.addEventListener('click', e => {
  if (e.target.className === 'del') {
    const list = load();
    list.splice(e.target.parentElement.dataset.i, 1);
    save(list);
    render();
  }
});
```

이제 큐[38](대기열)를 비울 수 있습니다.

추가로 시도해 볼 수 있는 아이디어

➢ 삭제하기 전 확인을 요청해 보세요.

4단계: 게시 시간 알리기

프롬프트

알림 권한을 요청하고 시간이 되면 게시물 내용으로 알림을 보내 줘.

예시 응답 코드

```
async function startAlarm() {
  if (Notification.permission === 'default') await Notification.
requestPermission();
  load().forEach(p => {
    const delay = new Date(p.time) - Date.now();
    if (delay > 0) setTimeout(() => {
      new Notification('게시물 게시하기', {
        body: p.text});
    }, delay);
  });
}
window.onload = () => {
```

38 (옮긴이) 먼저 들어온 게 먼저 나가는 줄 서기 방식의 자료 구조

```
  render();
  startAlarm();
};
```

이제 탭이 비활성되어 있어도 알림이 팝업됩니다.

추가로 시도해 볼 수 있는 아이디어

➢ 스마트폰에 알림 진동 기능을 추가해 보세요.

5단계: 스케줄러 스타일링하기

프롬프트

곧 게시될 게시물을 둥근 모양의 카드로 깔끔한 목록으로 표시하고 기한이 지난 게시물은 빨간색으로 보여 줘.

예시 응답 코드

```
ul {
  list-style: none;
  padding: 0;
  max-width: 500px;
  margin: 20px auto;
}
li {
  background: #fafafa;
  margin-bottom: 8px;
  padding: 10px;
  border-radius: 6px;
  display: flex;
  justify-content: space-between;
  align-items: center;
}
li.past {
  background: #ffe6e6;
}
textarea, input, button {
  display: block;
```

```
  margin: 10px auto;
  max-width: 500px;
  width: 100%;
}
```

이제 예약 목록이 깔끔하고 실용적으로 보입니다.

추가로 시도해 볼 수 있는 아이디어

➢ 다크 모드 토글을 추가해 보세요.

완성한 작업

게시할 시간이 되면 호출하는 개인 게시물 플래너를 만들었습니다.

기능 요약

➢ 텍스트와 날짜·시간이 있는 초안을 작성하기

➢ 곧 게시할 게시물 목록에 있는 삭제 기능

➢ 브라우저 알림 기능

➢ 데이터를 로컬에 저장

보너스 과제

➢ OAuth[39]로 API 자동 게시

➢ 매주 게시를 반복하는 예약 옵션

➢ 클라우드 스토리지로 디바이스 간 동기화

39 (옮긴이) 비밀번호를 넘기지 않고 다른 서비스에 내 계정의 일부 권한만 대신 허용하는 표준 방식(프로토콜)

Tutorial 50
간단한 URL 단축기 만들기

목표

사용자가 다음을 할 수 있는 간단한 도구를 제공합니다.

- ➢ 긴 URL 붙여넣기
- ➢ API로 짧은 링크 만들기
- ➢ 원클릭으로 단축 링크 복사하기

도구

- ➢ HTML/CSS/자바스크립트
- ➢ tinyurl.com API(GET 요청)

익힐 기술

- ➢ 쿼리 매개변수와 함께 가져오기(fetch)
- ➢ 입력값 유효성 검사
- ➢ Clipboard API
- ➢ 기본 UI 피드백

1단계: 입력과 출력 필드 구축하기

프롬프트

긴 URL 입력란, '단축하기' 버튼, 읽기 전용 출력 상자를 추가해 줘.

예시 응답 코드

```
<input id="long" placeholder="https://example.com/very/long/link">
<button id="shorten">단축하기</button>
```

```
<input id="short" readonly>
```

이제 기본 인터페이스가 준비되었습니다.

추가로 시도해 볼 수 있는 아이디어

➢ 입력 필드가 비어 있으면 '단축하기' 버튼을 비활성화해 보세요.

2단계: TinyURL API 호출하기

프롬프트

'단축하기'를 클릭하면 tinyurl API로 URL 단축을 요청하고 응답을 보여 줘.

예시 응답 코드

```
async function make() {
  short.value = 'Working…';
  const res = await fetch('https://tinyurl.com/api-create.php?url='
+ encodeURIComponent(long.value));
  short.value = await res.text();
}
shorten.onclick = make;
```

이제 단축 링크가 즉시 생성됩니다.

추가로 시도해 볼 수 있는 아이디어

➢ URL이 http로 시작하는지 검증해 보세요.

3단계: 클립보드에 복사하기

프롬프트

단축 URL 필드를 클릭하면 자동으로 복사하고 '복사됨!' 메시지를 보여 줘.

예시 응답 코드

```
short.addEventListener('focus', async () => {
  await navigator.clipboard.writeText(short.value);
  short.title = '복사됨!';
  setTimeout(() => short.title = '', 1500);
});
```

이제 클릭 한 번으로 복사할 수 있습니다.

추가로 시도해 볼 수 있는 아이디어

➤ '복사' 버튼을 추가해 보세요.

4단계: 단축기 스타일링하기

프롬프트

링크가 생성되면 카드는 가운데 두고 입력란은 넓게 성공 상태는 초록색으로 보여 줘.

예시 응답 코드

```
body {
  display: flex;
  justify-content: center;
  align-items: center;
  height: 100vh;
  font-family: sans-serif;
  background: #f2f2f2;
}
#card {
  background: #fff;
  padding: 20px;
  border-radius: 8px;
  box-shadow: 0 2px 6px rgba(0,0,0,.1);
  text-align: center;
}
input {
  width: 300px;
```

```
  padding: 8px;
  margin: 6px 0;
}
```

이제 단축기가 깔끔하고 단순하게 보입니다.

추가로 시도해 볼 수 있는 아이디어

➢ 다크 테마로 전환하는 토글 버튼을 추가해 보세요.

완성한 작업

TinyURL API로 간단한 URL 단축기를 만들었습니다.

기능 요약

➢ 긴 링크 유효성 검사 및 단축

➢ 포커스 시 자동 복사

➢ 깔끔하게 가운데에 정렬된 UI 카드

보너스 과제

➢ 분석 기능을 위한 Bitly 연동

➢ `localStorage`에 저장된 단축 링크 내역

➢ 각 단축 링크에 대한 QR 코드 생성

에필로그: 바이브 코딩 시대, 앞으로 나아갈 길

이 책을 덮는 지금 여러분은 새로운 시대 — 인간의 창의성과 기계 지능의 경계가 자연스럽게 어우러지는 시대 — 의 문턱에 서 있습니다.

바이브 코딩은 단순한 기술을 넘어 하나의 사고방식입니다. 소프트웨어를 어떻게 만들고, 어떻게 협업하며, 어떻게 배워야 하는지를 새롭게 생각하게 합니다. 간단한 앱을 처음 만들어 보는 개발자든, 복잡한 디지털 경험을 설계하는 개발자든, 인공지능은 당신을 대체하는 존재가 아니라 당신의 파트너임을 기억하세요. 여러분의 통찰, 호기심, 그리고 윤리적 기준이 이 과정을 이끌어 갑니다.

이 도구는 빠르게 발전할 것입니다. 변하지 않는 것은 변화에 적응하고 질문하고 혁신할 수 있는 당신의 능력입니다. 여러분이 배운 것을 과감하게 적용해 보세요. 실험하고 실패하고 개선하고 성장하세요. 여러분은 프롬프트와 코드의 리듬 속에서 오직 여러분만의 디지털 교향곡, 즉 자신만의 고유한 바이브를 작곡하는 중입니다. 코딩의 미래, 다시 말해 바이브 코딩의 세계에 오신 것을 환영합니다.

용어 해설

가상 환경

종속성을 관리하고 프로젝트별로 소프트웨어 라이브러리를 격리하는 데 사용되는 독립적인 디렉터리

대규모 언어 모델(Large Language Model, LLM)

방대한 양의 텍스트 데이터를 학습한 고급 AI 모델로 자연어 프롬프트에서 사람처럼 언어도 생성할 뿐만 아니라 코드도 생성할 수 있다.

데이터베이스

소프트웨어 애플리케이션으로 쉽게 접근, 관리, 업데이트할 수 있는 구조화된 데이터 모음

디버깅

코드에서 버그를 식별하고 분석하며 수정하는 과정

라이브러리

개발자가 기능을 처음부터 직접 작성하지 않고도 사용할 수 있는 미리 작성된 코드 모음

로컬 스토리지

웹사이트에서 나중에 사용할 수 있도록 데이터를 사용자의 기기에 로컬로 저장할 수 있게 하는 웹 브라우저 기능

리팩터링

기능을 바꾸지 않고 코드의 구조나 가독성을 개선하는 일

매개변수

함수의 작동을 사용자 정의하기 위해 함수에 전달하는 값 또는 변수

머신 러닝

명시적인 프로그래밍 없이 경험과 데이터를 통해 알고리즘의 성능을 향상시키는 AI의 한 분야

문법

프로그래밍 언어에서 코드의 구조를 정의하는 일련의 규칙

바이브 코딩

손으로 코드를 작성하는 대신 대규모 언어 모델을 사용해 자연어로 코드를 생성하는 코딩 접근 방식

반복

결과를 개선하거나 다듬기 위해 과정이나 일련의 명령어를 반복하는 것

반응형 디자인

크기가 다양한 화면과 기기에서 웹사이트가 잘 작동하고 좋게 보이도록 하는 웹 디자인 접근 방식

배열

여러 값을 단일 변수에 저장하고 위치 또는 인덱스 번호로 접근할 수 있는 데이터 구조

배포

일반적으로 소프트웨어 애플리케이션을 사용하도록 서버나 앱 스토어에 내보내는 일

백엔드

데이터 처리, 비즈니스 로직, 서버 측 작업을 담당하는 소프트웨어 애플리케이션의 부분

버그

예상치 못하거나 잘못 작동했을 때 발생하는 소프트웨어 코드의 오류 또는 결함

버전 관리

협업과 이전 상태로 되돌릴 수 있으며 시간에 따라 코드의 변경 사항을 기록하는 시스템(예: 깃)

소스 코드

인간이 읽을 수 있는 명령어 세트로 프로그래머가 프로그래밍 언어로 작성한 코드이다.

알고리즘

문제를 해결하거나 작업을 수행하기 위한 단계별 절차 또는 규칙의 집합

오픈 소스

소스 코드를 자유롭게 사용, 수정, 배포할 수 있는 소프트웨어

이벤트 처리

클릭, 키보드 입력, 마우스 움직임과 같은 사용자 행동에 반응하는 코드를 작성하는 과정

자동 완성

많은 코드 에디터와 AI 도구에서 문맥에 따라 코드를 제안하거나 자동으로 채워 주는 기능

자바스크립트

웹 페이지와 애플리케이션에 상호작용성과 동적 행동을 추가하는 프로그래밍 언어

자연어 처리(NLP)

컴퓨터가 인간의 언어를 이해하고 해석하며 생성하는 데 초점을 맞춘 AI 분야

캔버스

자바스크립트를 사용하여 그래픽, 애니메이션, 상호작용하는 시각적 콘텐츠를 만들기 위한 그리기 영역을 제공하는 HTML 요소

컴파일러

고수준 프로그래밍 언어로 작성된 코드를 컴퓨터가 실행할 수 있는 기계어 코드로 번역하는 프로그램

코드

컴퓨터가 실행할 수 있도록 프로그래밍 언어로 작성된 명령어

코드 저장소

코드 프로젝트가 관리되고 공유되며 버전 관리되는 온라인 저장 공간(예: 깃허브, 깃랩(GitLab))

테스팅

오류를 확인하고 의도한 대로 작동하는지 검증하기 위해 코드를 실행하는 과정

통합 개발 환경(Integrated Development Environment, IDE)

코드 작성, 테스트, 디버깅을 한 곳에서 할 수 있는 도구를 제공하는 소프트웨어

페치(fetch)

서버나 API로부터 데이터를 가져오기 위해 HTTP 요청을 보내는 현대적인 자바스크립트 메서드

편향(AI에서의 편향)

불균형하거나 대표성이 부족한 훈련 데이터로 인해 발생하는 AI 결과의 체계적인 오류

프런트엔드

사용자 인터페이스와 시각적 요소를 포함하여 사용자가 직접 상호작용하는 소프트웨어 애플리케이션의 부분

프레임워크

미리 만들어진 코드 기반으로 더 효율적으로 애플리케이션을 개발하기 위해 구조와 공통 기능을 제공한다.

프롬프트

응답을 생성하거나 작업을 수행하도록 AI 모델에 입력하는 자연어 명령 또는 질문

프롬프트 엔지니어링

AI 모델이 원하는 결과물을 생성하도록 유도하기 위해 효과적인 프롬프트를 작성하거나 다듬는 업무

함수

특정 작업을 수행하도록 설계된, 재사용할 수 있는 코드 블록

AI(인공지능)

언어 이해, 패턴 인식, 의사 결정을 비롯해 일반적으로 인간의 지능이 필요한 작업을 수행하도록 설계된 컴퓨터 시스템

API(애플리케이션 프로그래밍 인터페이스)

서로 다른 소프트웨어 애플리케이션 간에 통신할 수 있도록 하는 프로토콜과 도구 모음

async/await

비동기 작업을 더 쉽게 처리할 수 있도록 하는 자바스크립트 핵심어로 코드 실행을 막지 않고 결과가 나올 때까지 기다리는 것

CDN(콘텐츠 전송 네트워크)

사용자와 가장 가까운 위치에서 웹 콘텐츠와 리소스를 전달해 로딩 시간을 단축하는 서버 네트워크

CSS(종속형 스타일 시트)

레이아웃, 색상, 글꼴, 애니메이션 등 웹 페이지의 시각적 표현을 정의하는 데 사용되는 언어

DOM(문서 객체 모델)

웹 페이지의 구조를 나타내어 스크립트가 콘텐츠와 외관을 동적으로 수정할 수 있게 하는 프로그래밍 인터페이스

HTML(하이퍼텍스트 마크업 언어)

요소와 태그를 사용하여 웹 페이지의 구조와 콘텐츠를 만드는 데 사용되는 표준 언어

JSON(자바스크립트 객체 표기법)

특히 웹에서 애플리케이션 간에 정보를 저장하고 교환하는 데 사용되는 가벼운 데이터 형식

SDK(소프트웨어 개발 키트)

개발자가 특정 플랫폼용 애플리케이션을 만드는 데 도움이 되는 소프트웨어 도구와 라이브러리 세트

바이브 코딩:
간단한 참조 가이드

핵심 개념

- 바이브 코딩: 자연어로 원하는 것을 설명하여 AI가 코드를 대신 생성하도록 하는 코딩 방식

프롬프트

- 코드를 생성하도록 AI에 내리는 지시나 질문
- 프롬프트 엔지니어링: AI로부터 더 나은 결과를 얻기 위해 명확하고 구체적인 프롬프트를 만드는 기술
- 대규모 언어 모델(LLM): 방대한 양의 텍스트를 학습하여 프롬프트로부터 코드를 이해하고 만들 수 있는 AI

효과적인 프롬프트 작성법

- 구체적으로 작성하세요: "웹사이트 만들어 줘." 대신 "파란색 헤더, 내비게이션 바, 그리고 섹션이 세 개 있는 반응형 웹 페이지를 만들어 줘."라고 말하세요.
- 세부 사항을 포함하세요: 사용하려는 언어(예: HTML, CSS, 자바스크립트), 프레임워크(리액트, Vue) 또는 기능을 언급하세요.
- 예시를 활용하세요: 예시 텍스트, 색상, 레이아웃을 보여 주어 AI에 방향성을 제시하세요.
- 반복해서 개선하세요: 결과물이 완벽하지 않다면 프롬프트를 다듬어 다시 시도하세요.

바이브 코딩으로 하는 일반적인 코딩 작업

작업	프롬프트 예시
버튼 만들기	"모서리가 둥근 빨간색 버튼에 호버 효과를 적용한 HTML과 CSS를 생성해 줘."
양식 만들기	"이메일, 비밀번호 입력란, '제출' 버튼이 있는 로그인 양식을 만들어 줘."
애니메이션 추가하기	"페이지가 로드될 때 CSS로 모든 이미지가 점점 나타나도록(fade-in) 애니메이션을 추가해 줘."
함수 작성하기	"숫자의 팩토리얼을 계산하는 자바스크립트 함수를 작성해 줘."
API에서 데이터 가져오기	"OpenWeatherMap API에서 날씨 데이터를 가져오는 자바스크립트 코드를 만들어 줘."

최적의 활용을 위한 조언

- 테스트 및 검토: AI가 생성한 코드에 오류나 보안 취약점이 없는지 항상 꼼꼼하게 확인하세요.
- 기본기 다지기: 기본 코딩 개념을 이해하면 더 좋은 프롬프트를 작성하고 문제 해결 능력을 키울 수 있습니다.

다양한 도구를 사용하기

바이브 코딩을 할 때 전통적인 코딩과 디버깅 도구를 함께 사용하세요.

- 보안을 유념하기: 민감한 정보는 프롬프트에 입력하지 말고 생성된 코드를 항상 검증하세요.
- 지속적으로 업데이트하기: AI 도구는 빠르게 발전하므로 계속해서 배우고 실험하세요.

문제 해결 팁

결과물이 모호하거나 불완전할 때

- 프롬프트를 단순화하거나 단계를 더 작게 나누어 보세요.
- 맥락이나 제약 조건을 추가하세요.(예: "바닐라 자바스크립트만 사용해 줘.")

코드에 버그가 있거나 코드가 실행되지 않을 때

- 콘솔 로그나 브라우저 개발자 도구를 사용해 단계별로 디버깅하세요.
- AI에 오류를 설명해 달라고 하거나 수정해 달라고 요청하세요.

AI가 의도를 잘못 이해했을 때

- 동의어나 더 명확한 언어로 프롬프트를 다시 작성하세요.
- 더 많은 예시나 상세한 설명을 제공하세요.

유용한 자원

- 온라인 연습 환경: 챗GPT, 깃허브 코파일럿 또는 다른 AI 코딩 보조 도구를 사용해 보세요.
- 코드 에디터: AI 플러그인을 지원하는 VSCode, Sublime Text 등을 활용하세요.
- 튜토리얼: FreeCodeCamp, MDN Web Docs, Codecademy에서 기본 코딩 지식을 배울 수 있습니다.